MANUEL

DES

PRINCIPES DE MUSIQUE

14675.

OUVRAGES DE M. FÉTIS

CHEZ LES MÊMES ÉDITEURS

Traité complet de la théorie et de la pratique de l'Har-monie. Cinquième édition, stéréotypée, revue, corrigée et augmentée d'une préface philosophique et de notes........... net. 12 »

Traité du Contre-point et de la Fugue, nouvelle édition, revue, corrigée et augmentée d'un grand nombre d'exemples.. net. 40 »

Traité d'accompagnement de la partition sur le piano et l'orgue.. net. 25 »

Manuel des compositeurs, directeurs de musique, chefs d'orchestre et de musique militaire, ou Traité méthodique de l'harmonie, des instruments, des voix, et de tout ce qui est relatif à la composition, à la direction et à l'exécution de la musique. 1 vol. in-8.................................... net. 10 »

Traité du chant en chœur, rédigé pour l'usage des directeurs d'écoles de musique, des chefs de chœurs d'églises, de théâtres, de concerts, des maîtres de pensionnats des deux sexes, et des institutions d'écoles primaires et de charité....................... net. 12 »

Biographie universelle des Musiciens, et Bibliographie générale de la musique. Deuxième édition, entièrement refondue et augmentée de plus de moitié. 8 vol. in-8 de 500 pages. Chaque volume... net. 8 »

BEETHOVEN. Études, ou Traité d'harmonie et de composition, traduites de l'allemand et accompagnées de notes critiques, d'une préface et de la vie de Beethoven, par FÉTIS. 2 vol. in-8, ornés du portrait de BEETHOVEN, de son monument funèbre, et du premier essai d'**Adélaïde,** formant *fac-simile*............................... net. 15 »

PARIS. — IMPRIMERIE DE E. MARTINET, RUE MIGNON, 2.

MANUEL

DES

PRINCIPES DE MUSIQUE

A L'USAGE

DES PROFESSEURS ET DES ÉLÈVES DE TOUTES LES ÉCOLES DE MUSIQUE,

PARTICULIÈREMENT DES ÉCOLES PRIMAIRES

PAR

F. J. FÉTIS

Maître de chapelle du roi des Belges, directeur du Conservatoire royal
de musique de Bruxelles

DEUXIÈME ÉDITION

REVUE ET PERFECTIONNÉE

PARIS

G. BRANDUS ET S. DUFOUR

103, RUE RICHELIEU, AU PREMIER

ÉDITEURS POUR LA FRANCE ET L'ÉTRANGER

1864

PRÉFACE

Rien de plus difficile que d'écrire des éléments de musique où les faits soient établis dans un ordre rationnel, et qui donnent lieu à des déductions de principes généraux et lum neux. C'est sans doute aux difficultés excessives d'un tel travail cu'il faut attribuer les imperfections de tous les ouvrages qui ont été publiés sur ce sujet, et la multitude des livres de ce genre ; car si le but était atteint, il serait inutile de recommencer l'œuvre.

Les conditions d'un traité élémentaire des principes de la musique, destiné à l'instruction primaire, sont de réunir à beaucoup de simplicité dans le langage un ordre philosophique d'idées. Mais à peine a-t-on entrepris un travail de ce genre, qu'on sent le besoin d'employer alternativement les méthodes synthétique et analytique, et que la difficulté de les faire coïncider et d'être concis et clair fait naître le découragement. Je dois l'avouer, ces obstacles m'ont paru si considérables, que, de tous mes ouvrages, celui-ci m'a coûté le travail le plus laborieux. Ai-je triomphé de toutes les difficultés? Des professeurs de grand mérite se sont prononcés pour l'affirmative depuis la publication de la première édition de mon ouvrage.

Deux méthodes, qui ont leurs avantages et leurs inconvénients, sont également usitées dans l'enseignement : l'une emploie le largage d'exposition, l'autre la forme dialoguée. Il m'a paru qu'il était possible de les réunir, en évitant leurs défauts et profitant de ce qu'elles ont de bon. Dans le langage d'exposition, qui est employé ici au commencement de chaque chapitre et sur chaque matière, c'est le maître qui enseigne ; dans la forme dialoguée, c'est l'élève qui rend compte de ce qu'il a appris : il est donc convenable que le dialogue suive l'instruction, et qu'il en soit le résumé. Ce sont ces considérations qui m'ont déterminé à donner à mon livre la forme qu'on lui voit. Les deux méthodes réunies forment en quelque sorte un enseignement double dont on a reconnu les avantages. Bien que cette double forme m'ait obligé à faire le livre plus étendu que si je n'en avais employé qu'une seule, je crois l'avoir fait aussi petit qu'il était possible, et la concision me paraît être au moins la qualité qui le recommande.

MANUEL

DES

PRINCIPES DE MUSIQUE

CHAPITRE PREMIER.

DES SONS.

1. Quand un homme, ou une femme, ou un enfant, ou un oiseau chantent ; quand on frotte les cordes d'un violon ou d'un autre instrument avec un archet ; quand on souffle dans une flûte, une clarinette, etc. ; quand on pince les cordes d'une guitare ou d'une harpe ; enfin, quand on frappe une cloche avec son battant ou avec un marteau, l'oreille de tout individu qui n'est pas sourd entend de certains bruits qu'on appelle *sons*.

2. L'habitude qu'on a d'entendre chanter, ou jouer d'un instrument quelconque, fait qu'on parvient à discerner une voix d'une autre, un violon d'une flûte ou d'une clarinette, une guitare d'une trompette. La différence qui sert à faire distinguer la nature des voix ou des instruments qui rendent des sons s'appelle le *timbre des sons* (1).

3. Mais ce n'est pas seulement par le timbre que les sons se distinguent ; car une même voix, un même instrument en produisent un assez grand nombre qui ne se ressemblent pas. Ainsi, quand quelqu'un chante ce qu'on appelle un air, *la Marseillaise*, par exemple, il ne fait pas toujours entendre le même son, comme ferait une

---

(1) Le timbre des instruments se diversifie par leur mode d'ébranlement de l'air, par leur forme, leurs proportions, et aussi par la manière dont on en joue. Par exemple, une corde qu'on pince a un autre timbre que celle qu'on joue avec un archet.

cloche, qui n'a en effet qu'un son, et par laquelle on ne saurait faire entendre un air.

La grosse voix de certains hommes rend des sons bien différents de ceux de la voix d'une femme ou d'un enfant, et la voix d'un enfant ou d'une femme en produit aussi de très-différents de ceux de la voix d'un rossignol. Les sons d'une grosse et longue corde de basse ne ressemblent pas à ceux d'une corde mince et courte de violon.

4. Les sons d'une grosse voix d'homme sont *graves* en comparaison de ceux d'une voix de femme ou d'enfant ; les sons des voix de femmes ou d'enfants sont *aigus* à l'égard de ceux des voix d'hommes. Les sons d'une voix de rossignol sont beaucoup plus aigus que ceux des voix de femmes et d'enfants.

5. Entre le son le plus grave d'une voix d'homme et le plus aigu d'une voix de femme, il y a une multitude de sons plus ou moins graves, plus ou moins aigus.

6. Les différences entre les sons plus ou moins graves et plus ou moins aigus s'appellent *intonations des sons*. La suite de tous les sons, depuis le plus grave jusqu'au plus aigu, se nomme l'*échelle des sons*.

7. Les combinaisons des sons plus ou moins graves ou plus ou moins aigus composent ce qu'on appelle la *musique*.

8. Les combinaisons de la musique sont de deux espèces : dans la première, les différentes intonations des sons se succèdent dans de certaines conditions de convenance pour l'oreille : cette combinaison s'appelle *mélodie*.

Dans la deuxième espèce de combinaison, plusieurs sons se font entendre ensemble, et forment des *accords* dont les suites produisent l'*harmonie*.

9. Quand quelqu'un chante un air ou une chanson quelconque, on entend de la mélodie. Si la voix est accompagnée par un instrument ou par plusieurs qui font entendre des accords combinés d'une manière agréable avec elle, on a la réunion de la mélodie et de l'harmonie, c'est-à-dire la *musique* proprement dite.

RÉCAPITULATION DU PREMIER CHAPITRE.

D. *Qu'est-ce qu'un son?*

R. C'est un certain bruit produit par une voix d'homme, de femme, d'enfant ou d'oiseau, ou par la résonnance d'un instrument ou d'une cloche.

D. *Comment distingue-t-on le son d'une voix ou d'un instrument de celui d'un autre ?*

R. Par le TIMBRE.

D. *Qu'est-ce que le timbre?*

R. C'est la qualité propre d'une voix ou d'un instrument.

D. *Par quoi remarque-t-on que le timbre des instruments se diversifie ?*

R. Par leur mode d'ébranlement de l'air, par leur forme et par la manière d'en jouer.

D. *Les sons ne diffèrent-ils que par le timbre ?*

R. Ils diffèrent aussi par l'INTONATION.

D. *Qu'est-ce que la différence d'intonation?*

R. C'est celle qu'on remarque entre la grosse voix d'un homme et celle d'un enfant ou d'un oiseau, ou bien entre les sons produits par un grand instrument et par un petit.

D. *Comment appelle-t-on les sons produits par une grosse voix d'homme ou par un grand instrument ?*

R. SONS GRAVES.

D. *Quel est le nom des sons produits par une voix d'enfant, ou de rossignol, ou par un petit instrument?*

R. SONS AIGUS.

D. *Y a-t-il beaucoup d'intonations intermédiaires entre la plus grave et la plus aiguë?*

R. Oui.

D. *Comment appelle-t-on la suite de ces intonations ?*

R. ÉCHELLE DES SONS.

D. *Quel est le nom de l'ensemble qui résulte des combinaisons des sons graves intermédiaires et aigus ?*

R. La MUSIQUE.

D. *Y a-t-il plusieurs espèces de combinaisons des sons dans la musique ?*

R. Il y en a deux.

D. *Comment les nomme-t-on ?*

R. La MÉLODIE et l'HARMONIE.

D. *En quoi consistent les combinaisons de la mélodie ?*

R. Dans la succession des sons, d'après de certaines convenances dictées par l'oreille.

D. *En quoi consiste l'harmonie ?*

R. Dans la réunion de plusieurs sons qui se font entendre ensemble, et qui s'accordent de manière à plaire à l'oreille.

CHAPITRE II.

DE LA MANIÈRE DE NOTER L'INTONATION DES SONS.

10. Tout le monde sait que les sons qui entrent dans la composition des mots avec quoi l'on parle se représentent par des signes appelés *lettres*. Les sons qui entrent dans les combinaisons de la musique se représentent aussi par des signes appelés *notes*.

11. Les lettres se désignent par des noms, et sont rangées dans un certain ordre qu'on appelle *alphabet*. Ainsi la première lettre de cet alphabet s'appelle A ; la deuxième, BÉ ; la troisième, CÉ ; la quatrième, DÉ, etc. Les notes se désignent aussi par des noms, et l'ordre dans lequel elles sont disposées s'appelle la *gamme*.

12. Une gamme est composée de sept notes. Les noms de ces notes sont : UT, RÉ, MI, FA, SOL, LA, SI.

13. Mais la gamme n'est pas toujours disposée dans cet ordre. Quelquefois elle commence par RÉ, suivi de MI, FA, SOL, LA, SI, UT ; quelquefois c'est MI, FA, SOL, LA, SI, UT, RÉ ; enfin, chaque note peut être la première d'une gamme particulière.

On dit, à cause de cela, la *gamme d'*UT, la *gamme de* RÉ, la *gamme de* MI, et ainsi des autres. Or, ces gammes représentant de certaines formules qu'on appelle *tons*, on dit aussi : le *ton d'*UT, au lieu de la *gamme d'*UT, le *ton de* RÉ, au lieu de la *gamme de* RÉ, etc.

14. Dans une gamme, la première note représente toujours le son le plus grave. On appelle cette note *tonique*, parce qu'elle donne son nom au ton ou à la gamme de ce ton : ainsi, dans la gamme d'UT, UT est la tonique ; dans la gamme de RÉ, c'est RÉ qui est la tonique, et ainsi des autres.

15. La tonique étant la note du son le plus grave, et les autres notes allant toujours s'élevant vers l'aigu, il suit de là que dans la gamme de RÉ, UT n'étant que la septième note, n'est pas la même

note que UT, tonique de la gamme d'UT, puisque celui-ci est plus grave que RÉ. Dans la gamme de MI, UT et RÉ sont les sixième et septième notes, et sont conséquemment plus aigus que UT et RÉ, première et deuxième notes de la gamme d'UT. Même déplacement se fait remarquer dans les sept gammes :

1. Ut, ré, mi, fa, sol, la, si.
2. Ré, mi, fa, sol, la, si, ut.
3. Mi, fa, sol, la, si, ut, ré.
4. Fa, sol, la, si, ut, ré. mi.
5. Sol, la, si, ut, ré, mi, fa.
6. La, si, ut, ré, mi, fa, sol.
7. Si, ut, ré, mi, fa, sol, la.

16. Toutes ces gammes vont s'élevant du grave vers l'aigu. Après la septième, on peut faire une deuxième série commençant par UT, RÉ, MI, FA, SOL, LA, SI, où chaque son est de huit degrés plus élevé que dans la première ; et dans cette deuxième série, les gammes peuvent encore commencer par UT, ou par RÉ, ou par MI, etc. Après la septième gamme de cette deuxième série, on entre dans une troisième ; puis viennent une quatrième, une cinquième, une sixième et une septième, qui renferment toutes sept gammes.

17. De ce qui vient d'être dit, il résulte qu'il y a plusieurs sons qui portent le nom d'UT ; plusieurs, celui de RÉ ; plusieurs, le nom de MI, et ainsi des autres.

Ainsi, le premier son, le huitième, le quinzième, le vingt-deuxième, le vingt-neuvième, le trente-sixième, etc., s'appellent UT, et après chacun de ces UT, les six autres noms de notes se représentent dans l'ordre où ils sont dans la première série.

18. L'intervalle compris entre le premier UT et le deuxième, entre le deuxième et le troisième, entre le troisième et le quatrième, etc., s'appelle *une octave*. Il en est de même des intervalles compris entre les RÉ, les MI, etc.

19. **Dans la collection** générale des intonations, les sons s'élèvent

par degrés du grave vers l'aigu, comme on vient de le voir, et forment une espèce d'échelle. On représente les degrés de cette échelle par des lignes parallèles au nombre de *cinq*, et l'on place sur ces cinq lignes, ou dans leurs espaces, des points d'une certaine grosseur, noirs ou formant un petit cercle, pour représenter les intonations des sons. Ce sont ces points qu'on appelle *notes*.

EXEMPLES :

20. On appelle *portée* la réunion des cinq lignes.

La ligne inférieure de la portée appartient au son le plus grave ; la supérieure, au plus aigu de ceux qui y sont représentés par des notes.

21. Pour représenter tous les sons depuis UT de la première octave jusqu'à SI de la septième, il faudrait vingt-cinq lignes renfermant vingt-quatre espaces, car ces sept octaves se composent de *quarante-neuf* notes ; or, dans un si grand nombre de lignes il serait impossible de distinguer une note d'une autre : l'œil le plus exercé, le plus clairvoyant, n'en viendrait pas à bout. Une portée composée de dix ou onze lignes opposerait même d'insurmontables difficultés à la lecture des notes. On en peut juger par l'exemple suivant :

22. Pour obvier à cet inconvénient, on ne donne jamais plus de cinq lignes à la portée, et pour les notes qui sont en dehors de cette portée, soit dans les intonations graves, soit dans les aiguës, on

ajoute des fragments de lignes qui disparaissent dès qu'on n'a plus
à représenter ces intonations. Par ce procédé, la lecture des notes
de plusieurs octaves devient facile.

EXEMPLE :

Ce dernier exemple renferme exactement le même nombre de
notes que le précédent. Il est aisé de voir que chacune de ces notes
y est beaucoup plus facile à discerner.

23. Mais si l'on était obligé de multiplier beaucoup ces fragments
de ligne, comme il le faudrait pour représenter une échelle générale
de sept octaves, les embarras de la lecture seraient encore fort
grands. On en peut juger par l'exemple précédent, qui ne renferme
que les notes de trois octaves.

24. Par un procédé fort simple, on évite la multiplicité des lignes
additionnelles : il consiste à placer au commencement de la portée,
et sur une des lignes qui la composent, un signe qui indique si cette
portée contient des sons graves, ou aigus, ou intermédiaires.

Ce signe s'appelle *clef*. Celui des sons graves est appelé *clef de*
FA ; il a cette forme 𝄢. Celui des sons inermédiaires est appelé
*clef d'*UT ; il est fait ainsi : 𝄡. Celui des sons aigus s'appelle *clef*
de SOL ; il a cette forme 𝄞.

25. La clef de FA, étant placée sur une ligne de la portée, indique
que FA des voix graves, ou des grands instruments, est sur cette ligne,
et les autres notes plus ou moins graves se reconnaissent au moyen
de celle-là. La clef des sons intermédiaires étant placée sur une ligne,
fait voir que UT est placé sur cette ligne. Enfin la clef de SOL, ou
clef des sons aigus, étant placée sur une ligne, fait connaître que
SOL est sur cette ligne.

26. Il est d'usage dans la musique de l'époque actuelle de mettre la clef de FA sur la quatrième ligne, ce qui se reconnaît par les deux points entre lesquels la ligne passe.

EXEMPLE :

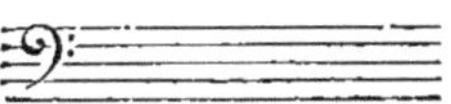

Il est aussi d'usage de placer la clef de SOL sur la deuxième ligne, de manière que la boucle de cette clef s'appuie sur cette ligne.

EXEMPLE :

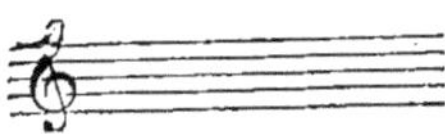

La clef d'UT se met sur la première ligne pour les voix graves, moyennes et aiguës de femmes ; elle se met sur la troisième ligne pour l'instrument qu'on appelle *viole* ou *alto* ; enfin, elle se met sur la quatrième ligne pour la voix élevée d'homme qu'on appelle *ténor*.

EXEMPLES :

TABLEAU DES NOTES A LA CLEF DE FA, DEPUIS LES PLUS GRAVES JUSQUES ET Y COMPRIS LES SONS INTERMÉDIAIRES.

TABLEAU DES NOTES A LA CLEF DE SOL, DEPUIS LES INTERMÉDIAIRES JUSQU'AUX PLUS AIGUES.

TABLEAU DES NOTES A LA CLEF D'UT SUR LA PREMIÈRE LIGNE.

TABLEAU DES NOTES A LA CLEF D'UT SUR LA TROISIÈME LIGNE.

TABLEAU DES NOTES A LA CLEF D'UT SUR LA QUATRIÈME LIGNE.

RÉCAPITULATION DU DEUXIÈME CHAPITRE.

D. Les sons de la musique ont-ils des noms comme ceux de la parole?

R. Oui.

D. Quels sont ces noms?

R. UT, RÉ, MI, FA, SOL, LA, SI.

D. Comment appelle-t-on l'ordre dans lequel vous venez d'indiquer ces noms?

R. La GAMME.

D. Quels rapports entre les sons indique l'ordre des noms de la gamme?

R. Un rapport d'élévation progressive.

D. Qu'entendez-vous par là?

R. Je veux dire que le premier nom appartient au son le plus grave ; le deuxième à un son plus élevé, et ainsi des autres en allant du grave vers l'aigu.

D. La gamme est-elle toujours disposée dans l'ordre que vous venez d'indiquer?

R. Non. Quelquefois RÉ est le son le plus grave, et dans ce cas la gamme est RÉ, MI, FA, SOL, LA, SI, UT.

D. Chaque nom de son peut-il être le premier d'une gamme?

R. Oui.

D. Il résulte de ce que vous venez de dire que UT *septième nom de la gamme de* RÉ *n'appartient pas au même son que* UT *premier nom de la gamme d'*UT.

R. Cela est vrai.

D. Il y a donc plusieurs UT, *plusieurs* RÉ, *etc.?*

R. Oui.

D. Il y a donc des gammes plus élevées que d'autres?

R. Oui. Après la première gamme des sons les plus graves, UT, RÉ, MI, FA, SOL, LA, SI, commence une autre gamme moins grave, composée des mêmes noms, puis une troisième plus élevée, et ainsi en allant jusqu'aux sons les plus aigus.

D. *Comment appelle-t-on l'intervalle compris entre le premier nom d'une gamme et le même nom de la gamme suivante ?*

R. OCTAVE.

D. *Combien y a-t-il d'octaves entre le son le plus grave du plus grand instrument, et le son le plus aigu du plus petit ?*

R. Sept, ou à peu près.

D. *Combien ces sept octaves renferment-elles de noms de sons?*

R. Quarante-neuf.

D. *Y a-t-il des signes pour représenter ces quarante-neuf sons?*

R. Oui.

D. *Comment les nomme-t-on?*

R. Notes.

D. *Quelle est la forme de ces notes?*

R. Celle de points d'une certaine grosseur, noirs ou formant un petit cercle.

D. *Cette forme est-elle la même pour les signes de tous les sons?*

R. Oui.

D. *Comment peut-on les distinguer les uns des autres?*

R. En les plaçant sur cinq lignes parallèles dont la réunion s'appelle PORTÉE, ou dans les espaces de ces lignes.

D. *A quelle place de la portée est placée la note la plus grave?*

R. Sur la ligne inférieure, qu'on appelle la PREMIÈRE; les autres vont ensuite en s'élevant dans les espaces et sur les autres lignes comme sur une échelle.

D. *Mais vous avez dit qu'il y a quarante-neuf sons à représenter dans l'espace de sept octaves; pourtant, dans la portée composée de cinq lignes et de leurs espaces ou positions inférieures et supérieures, il n'y a de place que pour onze notes; où met-on les autres?*

R. La portée n'a que cinq lignes, afin de faciliter la lecture des notes; mais quand on veut représenter des sons plus graves que celui de la première ligne, ou plus élevés que celui de la cinquième, on emploie de petites lignes additionnelles qu'on supprime quand elles ne sont plus utiles.

D. *Ne fait-on pas usage de quelques signes, pour éviter une trop grande multiplicité de lignes additionnelles?*

R. Oui.

D. *Comment nomme-t-on ces signes?*

R. CLEFS.

D. *Combien y a-t-il de ces clefs?*

R. Trois.

D. *Où les place-t-on?*

R. Au commencement de la portée.

D. *Quelle est leur signification?*

R. La première, appelée CLEF DE FA, indique que la portée renferme les notes graves, et que FA est à la ligne où la clef est placée; la deuxième, qui est la CLEF DE SOL, est le signe des sons aigus ; la troisième, appelée CLEF D'UT, est le signe des sons intermédiaires.

D. *Sur quelle ligne met-on la clef de FA, dans la musique moderne ?*

R. Sur la quatrième.

D. *Sur quelle ligne la clef de SOL?*

R. Sur la deuxième.

D. *Sur quelle ligne la clef d'UT?*

R. On lui donne trois positions différentes. Pour les voix de femme, graves ou moyennes, on la met sur la première ligne ; pour l'instrument appelé *viole* ou *alto*, sur la troisième ; pour la voix d'homme la moins grave, appelée *ténor*, sur la quatrième.

CHAPITRE III.

DE LA NOTATION DES SONS.
(CONTINUATION.)

27. UT, RÉ, MI, FA, SOL, LA, SI, sont les noms de certains sons disposés, comme on l'a vu précédemment, dans un ordre progressif, et à de certaines distances les uns des autres.

28. Ces distances ne sont pas toutes égales, car entre MI et FA, et entre SI et UT, octave d'UT inférieur, elle n'est que moitié de ce qu'elle est entre UT et RÉ, entre RÉ et MI, FA et SOL, SOL et LA, LA et SI. A cause de cette différence, on appelle DEMI-TON la distance de MI à FA et de SI à UT, et TON celle d'UT à RÉ, ou des autres notes entre elles.

29. Mais puisqu'il n'y a qu'une distance d'un demi-ton entre MI et FA, et entre SI et UT, il y a donc aussi des sons qui ne sont qu'à la même distance d'un demi-ton d'UT, de RÉ, de FA, de SOL et de LA? Ces sons existent en effet; mais la difficulté de les représenter par des notes particulières sur le papier, et la crainte de rendre la lecture de la musique trop difficile en multipliant les lignes et les espaces de la portée, comme il aurait fallu le faire pour représenter tous ces sons, ont fait imaginer un artifice par lequel on suppose que le son intermédiaire d'UT et de RÉ est, suivant les circonstances, ou UT élevé d'un demi-ton, ou RÉ baissé d'autant, RÉ élevé d'un demi-ton, ou MI baissé d'autant, et ainsi des autres.

30. UT, ou RÉ, ou FA, ou SOL, ou LA, élevés d'un demi-ton, se représentent donc par les notes UT, RÉ, FA, SOL, LA, auxquelles on ajoute un signe qui indique que ces notes sont élevées au-dessus de leur intonation ordinaire; ce signe, appelé DIÈSE, est fait ainsi : ♯.

31. Par le moyen de ce signe, on peut représenter une suite de sons qui s'élèvent par degrés et par demi-tons, depuis le plus grave jusqu'au plus aigu.

EXEMPLE :

32. Sɪ, ou ʟᴀ, ou sᴏʟ, ou ᴍɪ, ou ʀᴇ́, et en général toute note baissée d'un demi-ton, se représente par les signes de ces mêmes notes accompagnées d'un autre signe qui indique qu'elles sont baissées au-dessous de leur intonation ordinaire. Ce signe, appelé ʙᴇ́ᴍᴏʟ, est fait ainsi : ♭

33. Par le moyen de ce signe, on peut représenter une suite de sons qui descendent par degrés et par demi-tons, depuis le plus aigu jusqu'au plus grave.

EXEMPLE :

34. Après qu'une note a représenté un son plus haut ou plus bas d'un demi-ton, par le moyen d'un dièse ou d'un bémol, on rend à cette note sa signification primitive par un autre signe appelé BÉCARRE, qui est fait ainsi : ♮.

35. Dans la gamme d'UT, RÉ, MI, FA, SOL, LA, SI, UT, les demi-tons sont, comme on l'a vu (28), placés entre MI et FA, et entre SI et UT, c'est-à-dire entre la troisième et la quatrième note, et entre la septième et la huitième. Pour rendre les gammes qui commencent par RÉ, par MI, par FA, etc., semblables à celles d'UT, il faut donc qu'il y ait aussi un demi-ton dans chacune de ces gammes, entre leur troisième et leur quatrième note, et un autre entre leur septième et leur huitième. Or, en commençant la gamme par RÉ, le demi-ton de MI à FA se trouve placé entre la deuxième et la troisième note, et le demi-ton de SI à UT est entre la sixième et la septième. Dans la gamme qui commence par MI, le premier demi-ton est entre la première et la deuxième note, et la deuxième (de SI à UT) est entre la cinquième et la sixième note. Ces gammes, ainsi que celles qui viennent après, ne sont donc pas semblables à la gamme d'UT.

36. On les rend pareilles, sous le rapport de la distribution des tons et des demi-tons, soit en élevant certaines notes par des dièses, soit en les baissant par des bémols, de telle sorte que les demi-tons soient toujours placés entre la troisième et la quatrième note, et entre la septième et la huitième. Par exemple, si la gamme est dans le ton de RÉ, c'est-à-dire si RÉ est la première note ou tonique, on élève la troisième note par un dièse, de manière qu'il n'y a qu'un demi-ton entre ce FA dièse et SOL, et l'on fait la même opération à la septième note (UT), pour qu'il n'y ait qu'un demi-ton entre elle et la huitième note (RÉ).

EXEMPLE :

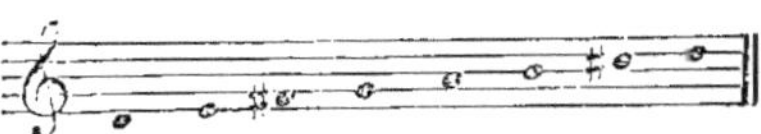

Si la gamme est dans le ton de FA, c'est-à-dire si FA est la première note, on baisse la quatrième note (SI) par un bémol pour la rapprocher d'un demi-ton de la troisième, et l'on ne fait aucun changement à la septième ni à la huitième, parce que ces notes (MI, FA) sont naturellement à la distance d'un demi-ton).

EXEMPLE :

37. On évite les répétitions fréquentes des dièses et des bémols nécessaires à chaque gamme ou à chaque ton, en les mettant auprès de la clef, pour tout le temps où le morceau de musique est dans le ton de la gamme où le compositeur l'a placé. Par exemple, deux dièses mis à côté de la clef font connaître que le ton est en RÉ, et que tous les FA et les UT du morceau écrit dans ce ton doivent être élevés d'un demi-ton.

EXEMPLE :

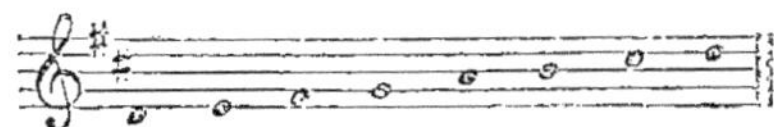

38. On connaît le ton par le dernier dièse ou par le dernier bémol, placés auprès de la clef. Le dernier dièse appartient toujours à la septième note de la gamme du ton, qu'on appelle NOTE SENSIBLE. La note supérieure à ce dernier dièse est toujours la TONIQUE.

Ainsi, un dièse placé à la clef, sur la ligne de la note FA, indique le ton de SOL ; avec deux dièses, dont le dernier appartient à UT, on a le ton de RÉ ; avec trois dièses, dont le dernier appartient à SOL, le ton est LA, et ainsi des autres.

39. Le dernier bémol appartient toujours à la quatrième note de la gamme, et l'on connaît la tonique en descendant quatre notes. Ainsi, un bémol placé près de la clef sur la ligne de si indique le ton de FA, et ainsi des autres.

40. Puisqu'on peut commencer une gamme par UT, par RÉ, par MI, par FA, enfin par toutes les notes, on comprend qu'il est aussi possible d'en commencer par UT dièse, par RÉ dièse, par MI bémol, etc. Toutes ces gammes sont faites sur le modèle de la gamme du ton d'UT ; c'est-à-dire qu'elles ont les demi-tons placés entre la troisième note et la quatrième, et entre la septième note et la huitième.

TABLEAU DE TOUTES LES GAMMES OU DE TOUS LES TONS, AVEC LES DIÈSES ET AVEC LES BÉMOLS.

41. Dans toutes les gammes formées sur le modèle d'UT, RÉ, MI, FA, SOL, LA, SI, UT, la troisième note est à la distance de deux tons de la première, la sixième à la distance d'un ton de la cinquième, et la septième à la distance d'un ton de la sixième. Ces gammes sont appelées GAMMES MAJEURES OU GAMMES DES TONS MAJEURS.

42. Il y a d'autres gammes dont la troisième note n'est qu'à la

distance d'un ton et demi de la première, la sixième à la distance
d'un demi-ton de la cinquième, et dont la septiè ne reste à la distance d'un demi-ton de la huitième. Ces gammes, appelées GAMMES
DES TONS MINEURS, n'ont pas la même disposition de notes en allant
du grave vers l'aigu, et de l'aigu vers le grave ; elles offrent, à cause
de cela, quelque embarras dans l'exécution. Ces différences sont
fondées sur la difficulté de chanter certains intervalles de sons avec
justesse. Ainsi, dans la gamme mineure qui commence par LA, on
fait FA dièse et SOL dièse en montant ; mais en descendant on met un
bécarre à chacune de ces notes.

EXEMPLE :

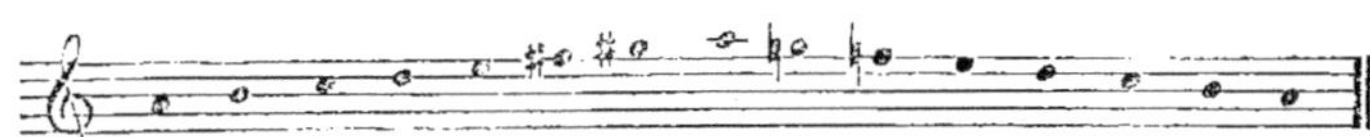

43. Toutes les gammes mineures sont faites sur ce modèle. Cependant il y a des professeurs de musique instrumentale, particulièrement de piano, qui enseignent à leurs élèves à faire la gamme sans
élever la sixième note en montant.

EXEMPLE :

Cette forme de la gamme mineure a moins de douceur que l'autre,
mais le caractère du mode mineur y est moins altéré.

RÉCAPITULATION DU TROISIÈME CHAPITRE.

D. *Les gammes qui commencent par* RÉ, *par* MI, *par* FA, *etc.,
sont-elles par leur nature même exactement semblables à la gamme
qui commence par* UT?
R. Non.

D. *En quoi consistent les différences de ces gammes et de celle qui commence par* UT?

R. Elles consistent dans l'ordre des distances des sons.

D. *Quel est cet ordre dans la gamme d'*UT ?

R. Les distances de la troisième note à la quatrième, c'est-à-dire de MI à FA, et de la septième à la huitième, c'est-à-dire de SI à UT, est moitié plus petite que celles de UT à RÉ, de RÉ à MI, de FA à SOL, de SOL à LA et de LA à SI.

D. *Comment appelle-t-on les distances de* MI *à* FA *et de* SI *à* UT?

R. Demi-ton.

D. *Quel est le nom de la distance d'*UT *à* RÉ, *de* RÉ *à* MI, *de* FA *à* SOL, *de* SOL *à* LA *et de* LA *à* SI?

R. Ton.

D. *Chaque* TON *peut-il être divisé en* DEMI-TONS *par des sons intermédiaires ?*

R. Oui.

D. *Pourquoi ne représente-t-on pas ces sons intermédiaires par des notes placées entre* UT *et* RÉ, *entre* RÉ *et* MI, *et ainsi des autres?*

R. Parce qu'il aurait fallu pour cela multiplier les lignes et les espaces de la portée, ce qui aurait rendu la lecture de la musique fort difficile.

D. *En l'absence de notes pour ces sons intermédiaires, comment les représente-t-on dans la musique?*

R. En les considérant, suivant les circonstances, tantôt comme la note inférieure élevée d'un demi-ton, tantôt comme la note supérieure baissée d'autant, et en plaçant à côté de la note élevée un signe appelé *dièse*, ou à côté de la note baissée un autre signe appelé *bémol.*

D. *Quelle est la forme du dièse?*

R. Celle-ci : ♯

D. *Quelle est la forme du bémol?*

R. Celle-ci : ♭

D. *Y a-t-il quelque signe pour indiquer que l'effet du dièse ou*

du bémol doit cesser, et que les notes sont rendues à leur signifi-
cation naturelle?

R. Oui ; ce signe est le *bécarre,* dont voici la forme : ♮

D. *Par quel moyen peut-on faire disparaître les différences*
des gammes qui commencent par des notes différentes?

R. En élevant certaines notes par le dièse ou en baissant d'autres
par le bémol, pour mettre les tons et les demi-tons dans le même
ordre où ils sont dans la gamme qui commence par UT.

D. *Expliquez cette opération.*

R. Par exemple, si l'on veut faire la gamme qui commence par
RÉ semblable à celle qui commence par UT, on rapproche la troisième
note (FA) de la quatrième (SOL), en mettant un dièse à la note FA, et
l'on met aussi un dièse auprès de la septième note (UT) pour la rapprocher d'un demi-ton de la huitième. Par ce moyen les tons et les
demi-tons de cette gamme sont rangés dans le même ordre que dans
la gamme d'UT.

D. *Donnez un exemple de gamme formée par l'emploi du bémol.*

R. Si une gamme commence par FA, par exemple, le premier
demi-ton devant se trouver entre la troisième et a quatrième note,
il faut baisser d'un demi-ton cette quatrième note (SI) par le moyen
d'un bémol. A l'égard du second demi-ton, il se trouve naturellement entre la septième note (MI) et la huitième (FA).

D. *Peut-on commencer une gamme par une note élevée ou*
baissée par l'effet du dièse ou du bémol?

R. Oui.

D. *Dans les tons où il y a beaucoup de dièses ou de bémols em-*
ployés, cette multitude de signes ne rend-elle pas la lecture de la
musique difficile?

R. On évite l'embarras qu'ils pourraient causer à la vue, en les
plaçant auprès de la clef. De cette manière, l'exécutant est averti
que les notes posées sur les lignes ou dans les espaces où sont les
dièses, doivent être élevées d'un demi-ton, jusqu'à ce que ces dièses
soient supprimés par des bécarres. Il en est de même des bémols.

D. *Dans quel ordre place-t-on les dièses auprès de la clef?*

R. Le premier sur la ligne de FA, le deuxième à la place d'UT, le troisième à la place de SOL, le quatrième sur la ligne de RÉ, le cinquième à la place de LA, le sixième à la place de MI, le septième sur la ligne de SI.

D. Dans quel ordre place-t-on les bémols auprès de la clef?

R. Le premier sur la ligne de SI, le deuxième à la place de MI, le troisième à la place de LA, le quatrième sur la ligne de RÉ, le cinquième sur la ligne de SOL, le sixième à la place d'UT, le septième à la place de FA.

D. Dans quel ton ou dans quelle gamme est la musique, quand il y a un dièse près de la clef?

R. En SOL.

D. Dans quel ton, quand il y en a deux?

R. En RÉ.

D. Dans quel ton, quand il y en a trois?

R. En LA.

D. Dans quel ton, quand il y en a quatre?

R. En MI.

D. Dans quel ton, quand il y en a cinq?

R. En SI.

D. Dans quel ton, quand il y en a six?

R. En FA dièse.

D. Dans quel ton enfin quand il y en a sept?

R. En UT dièse.

D. Dans quel ton ou dans quelle gamme est la musique quand il y a un bémol près de la clef?

R. En FA.

D. Dans quel ton, quand il y en a deux?

R. En SI bémol.

D. Dans quel ton, quand il y en a trois?

R. En MI bémol.

D. Dans quel ton, quand il y en a quatre?

R. En LA bémol.

D. Dans quel ton, quand il y en a cinq?

R. En ʀᴇ́ bémol.

D. *Dans quel ton, quand il y en six?*

R. En sol bémol.

D. *Dans quel ton enfin quand il y en a sept?*

R. En ut bémol.

D. *Y a-t-il une méthode générale pour connaître le* ᴛᴏɴ, *à l'inspection des signes qui sont près de la clef?*

R. Oui ; la tonique se trouve une note plus haut que le dernier dièse, et trois notes plus bas que le dernier bémol.

D. *Toutes les gammes sont-elles formées sur le modèle de la gamme* ᴜᴛ, ʀᴇ́, ᴍɪ, ꜰᴀ, sol, ʟᴀ, sɪ, ᴜᴛ ?

R. Non ; celles qui sont faites sur ce modèle sont appelées *gammes majeures;* mais il en est d'autres qu'on nomme *gammes mineures.*

D. *En quoi celles-ci diffèrent-elles des autres?*

R. Le premier demi-ton se trouve entre la deuxième et la troisième note, au lieu d'être placé entre la troisième et la quatrième ; et la distance de la cinquième note à la sixième n'est que d'un demi-ton au lieu d'être d'un ton, comme dans les gammes majeures.

D. *Les gammes mineures ne donnent-elles point lieu à quelque observation particulière?*

R. Il existe, en effet, dans la disposition de ces gammes, en montant et en descendant, une différence qui ne se trouve pas dans les gammes majeures?

D. *En quoi consiste-t-elle ?*

R. Pour faciliter les intonations, les distances des notes depuis la cinquième jusqu'à la huitième sont les mêmes en montant que dans les gammes majeures ; mais, en descendant, il y a un ton de la huitième note à la septième, un ton de la septième à la sixième, et seulement un demi-ton de celle-ci à la cinquième.

D. *Donnez un exemple de cela.*

R. ʟᴀ, sɪ, ᴜᴛ, ʀᴇ́, ᴍɪ, ꜰᴀ ♯, sol ♯, ʟᴀ ; ʟᴀ, sol ♮, ꜰᴀ ♮, ᴍɪ, ʀᴇ́, ᴜᴛ, sɪ, ʟᴀ.

CHAPITRE IV.

DE LA DURÉE DES SONS.

44. Tous les sons n'ont pas la même durée dans la musique. Cette durée est fort longue pour quelques-uns ; moyenne pour d'autres, et quelquefois très-courte.

45. Les durées peuvent être mesurées, parce que toute fraction du temps est susceptible de mesure.

46. La durée des sons se représente par des signes, comme les intonations de ces sons se représentent par d'autres signes.

47. Les signes de la durée des sons n'ont pas une valeur fixe et ne représentent pas une fraction absolue du temps, comme une heure, une minute, une seconde, etc. ; leur valeur n'est que relative, c'est-à-dire que l'un représente une durée double, ou triple, ou quadruple, ou six fois, ou huit fois plus grande que d'autres.

S'il avait fallu représenter d'une manière fixe toutes les durées possibles de sons, la multitude des signes aurait été telle que la lecture de la musique, dans les combinaisons de ces signes, aurait offert d'insurmontables difficultés ; car il y a des morceaux de musique dont le mouvement est lent à l'excès, d'autres sont moins lents, d'autres plus animés, d'autres d'une vitesse modérée, d'autres, enfin, ont une vitesse très-rapide, et dans chacun de ces morceaux il y a, comme on vient de le dire, des durées proportionnelles assez multipliées (1).

48. Dans la notation de la musique moderne, le signe de la durée

(1) On évite la multiplicité des signes en n'écrivant dans la musique que ceux des valeurs relatives de durée ; quant à la durée absolue de chaque signe, on la détermine en indiquant au commencement de chaque morceau le mouvement lent, vif ou modéré, et ses diverses nuances.

la plus longue d'un son est appelé *ronde*, à cause de sa forme, qui est telle qu'on la voit ici : ○

49. Lorsque la durée d'un son doit être double, triple, ou quadruple de la valeur d'une ronde, on en lie plusieurs par un trait d'union. Exemple : ○ ○ ○

50. La moitié de la valeur d'une ronde se représente par une blanche, dont voici la forme : ♩ ou ♩

La durée de deux blanches égale celle d'une ronde.

51. Le quart de la durée d'une ronde, ou la moitié d'une blanche, se représente par un signe appelé *noire*, qui est fait ainsi : ♩ ou ♩

La durée de quatre noires égale celle d'une ronde. Deux noires ont la même durée qu'une blanche.

52. La huitième partie de la durée d'une ronde, ou le quart d'une blanche, ou la moitié d'une noire, se représentent par la *croche*, dont voici la forme : ♪ ou ♪ Lorsque deux, trois ou quatre croches se suivent, on peut les réunir par un trait.

EXEMPLES :

Huit croches égalent la durée d'une ronde ; quatre, la durée d'une blanche ; deux, la durée d'une noire.

53. La seizième partie de la durée d'une ronde, la huitième d'une blanche, le quart d'une noire, la moitié d'une croche, se représentent par un signe qu'on devrait appeler *demi-croche*, mais qu'on nomme au contraire *double croche*, parce qu'il a un double crochet. En voici la forme : ♬ ou ♬ Lorsque les doubles croches se suivent, on peut les réunir par deux traits.

EXEMPLES :

Seize doubles croches égalent la durée d'une ronde ; huit, la durée d'une blanche ; quatre, la durée d'une noire ; deux, la valeur d'une croche.

54. La trente-deuxième partie de la durée d'une ronde, la seizième d'une blanche, la huitième d'une noire, le quart d'une croche, la moitié d'une double croche, se représentent par un signe appelé *triple croche*. En voici la forme : ♪ ou ♪ Plusieurs triples croches peuvent être réunies par trois traits.

EXEMPLES :

Trente-deux triples croches égalent la durée d'une ronde ; seize, la durée d'une blanche ; huit, la durée d'une noire ; quatre, la durée d'une croche ; deux, la valeur d'une double croche.

55. La soixante-quatrième partie de la durée d'une ronde, la trente-deuxième de la durée d'une blanche, la seizième d'une noire, la huitième d'une croche, le quart d'une double croche, la moitié d'une triple, se représentent par un signe appelé *quadruple croche*, dont voici la forme : ♪ ou ♪

Soixante-quatre *quadruples croches* équivalent à la durée d'une ronde ; trente-deux, à celle d'une blanche ; seize, à celle d'une noire ; huit, à celle d'une croche ; quatre, à celle d'une double croche ; deux, à celle d'une triple croche.

56. Les signes de la durée relative des sons ne sont autres que les notes mêmes, modifiées comme on vient de le voir, en sorte que ces notes indiquent à la fois l'intonation des sons et leur durée.

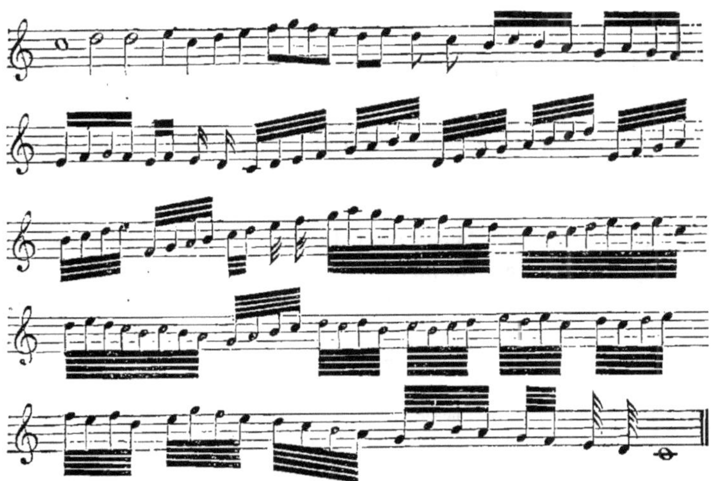

57. On a vu, par ce qui précède, qu'un *son* dont la durée doit être
de la moitié d'une ronde se représente par une blanche ; qu'un autre
son égal à la moitié d'une blanche se représente par une noire, et
ainsi des autres.

Mais si un son doit être de la valeur de trois quarts d'une ronde ou
de trois quarts de tout autre signe de durée, on ne peut le représenter par aucun des signes qu'on vient de voir. Pour exprimer de pareilles durées de sons, on met un point après la figure de la note qui
vaut moitié de celle dont il faut représenter les trois quarts, et ce
point augmente de moitié la valeur de cette note. Ainsi, une blanche
qui vaut la moitié d'une ronde, en vaut les trois quarts lorsqu'elle
est suivie d'un point ; une noire, qui a la moitié de la durée d'une
blanche, en vaut les trois quarts quand elle est suivie d'un point, et
ainsi des autres.

EXEMPLES :

| Trois quarts de ronde. | Trois quarts de blanche. | Trois quarts de noire. | Trois quarts de croche. | Trois quarts de double croche. |

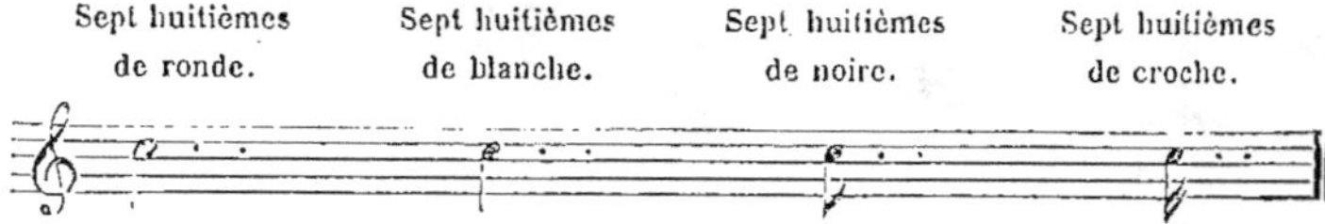

58. Quand la durée d'une ronde doit être augmentée de moitié, on met aussi un point après elle.

59. Si un son doit avoir la durée de sept huitièmes de ronde, ou de sept huitièmes de blanche, ou enfin de sept huitièmes de chacune des figures de durée, on met un deuxième point après le premier, et le deuxième point augmente le premier de la moitié de sa valeur.

EXEMPLES :

| Sept huitièmes de ronde. | Sept huitièmes de blanche. | Sept huitièmes de noire. | Sept huitièmes de croche. |

60. Quelquefois on représente les notes pointées d'un point ou de deux, au moyen de diverses figures de notes liées entre elles par un trait d'union.

EXEMPLES :

Valeur d'une ronde pointée d'un point. Valeur d'une ronde pointée de deux points.

Valeur d'une blanche pointée d'un point. Valeur d'une blanche pointée de deux points. Valeur d'une noire pointée d'un point.

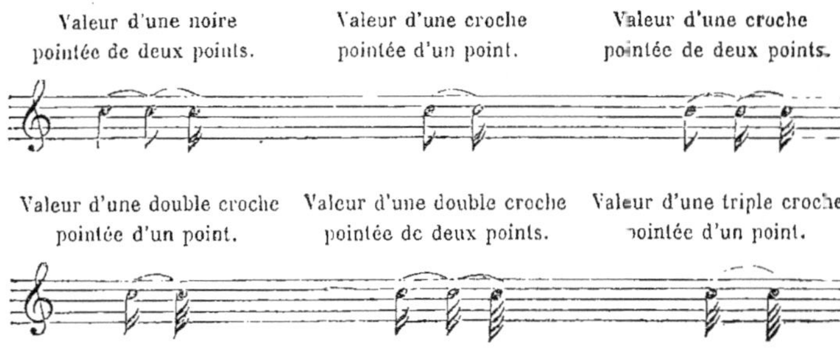

RÉCAPITULATION DU QUATRIÈME CHAPITRE.

D. *Tous les sons ont-ils la même durée dans la musique?*

R. Non ; il en est dont la durée est longue ; d'autres qui durent proportionnellement moins longtemps ; d'autres, enfin, qui se succèdent avec rapidité.

D. *La durée des sons peut-elle être mesurée?*

R. Oui, comme peut l'être toute fraction du temps.

D. *Peut-on représenter les durées des sons par des signes?*

R. Oui.

D. *Ces signes ont-ils une valeur de temps déterminée, comme une minute, une seconde, etc.?*

R. Non ; les signes de durée des sons ne représentent que des longueurs relatives de temps.

D. *Par quoi se détermine la valeur positive de chaque signe?*

R. Par le mouvement des morceaux de musique, qui peut être lent, vif ou modéré.

D. *Expliquez comment les signes de durées relatives acquièrent une valeur positive par le mouvement.*

R. Par exemple, un signe représente le son proportionnellement le plus long ; si le mouvement est lent, il n'y a qu'un certain nombre déterminé de ces sons dans une minute ; si ce mouvement est moins lent, le nombre des sons de cette espèce augmente d'une manière également déterminée dans le même espace de temps, et de cette manière s'établit la valeur positive de chaque signe de durée.

D. *Quel est le signe de la durée la plus longue d'un son dans la musique moderne?*

R. La RONDE, qui est faite ainsi : ○

D. *La valeur positive de la ronde étant déterminée par le mouvement, par quel moyen peut-on représenter un son d'une durée plus grande que cette ronde?*

R. En liant plusieurs rondes ensemble par des traits d'union.

D. *Par quel signe représente-t-on un son dont la durée n'est que la moitié de la ronde?*

R. Par la BLANCHE, dont la forme est celle-ci : ♩ ou ♩

D. *Quel est le signe de durée du quart de la ronde, ou de la moitié de la blanche?*

R. La NOIRE. En voici la figure : ♩ ou ♩

D. *Quel est le signe d'un son dont la durée n'est que la huitième partie d'une ronde, le quart d'une blanche ou la moitié d'une noire.*

R. La CROCHE, dont voici la forme : ♪ ou ♪

D. *Les croches ne se présentent-elles pas quelquefois sous un autre aspect?*

R. Oui ; lorsque plusieurs croches se succèdent, leur crochet est remplacé par une barre qui les unit horizontalement ou obliquement, de cette manière : ♫♫

D. *Quel est le signe d'un son dont la durée n'est que la seizième partie de la ronde, la huitième de la blanche, le quart de la noire, ou la moitié de la croche?*

R. La DOUBLE CROCHE; en voici la forme : ♬ ou ♬

D. *Peut-on réunir plusieurs doubles croches par deux barres, comme on réunit plusieurs croches par une seule?*

R. Oui.

D. *Quel est le signe d'un son dont la durée n'est que la trente-*

deuxième partie d'une ronde, la seizième d'une blanche, la hui-
tième d'une noire, le quart d'une croche, ou la moitié d'une double
croche ?

R. La TRIPLE CROCHE, dont la forme est celle-ci : ♪ ou ♪

D. Peut-on réunir plusieurs triples croches par des barres,
comme on fait pour les croches et les doubles croches ?
R. Oui.

D. Quel est le signe d'un son dont la durée n'est que la soixante-
quatrième partie d'une ronde, la trente-deuxième d'une blanche,
la seizième d'une noire, la huitième d'une croche, le quart d'une
double croche, ou la moitié d'une triple ?

R. La QUADRUPLE CROCHE. Sa forme est celle-ci : ♪ ou ♪

D. Peut-on réunir par des barres plusieurs quadruples croches,
comme on fait pour les croches, doubles et triples croches ?
R. Oui.

D. Par quel moyen peut-on représenter à la fois l'intonation des
sons et leur durée ?
R. Les notes représentent également les intonations des sons et
leur durée. Les places qu'elles occupent dans les lignes de la portée
font connaître leur nom et leur intonation ; leurs formes, semblables à celles qui viennent d'être indiquées, déterminent leur durée.

D. Toutes les durées de sons sont-elles à l'égard l'une de l'autre
dans les proportions de la moitié, du quart, du huitième, du sei-
zième, du trente-deuxième, ou du soixante-quatrième ?
R. Non ; il y en a qui sont dans la proportion des trois quarts
d'une ronde, d'une blanche, d'une noire, d'une croche et d'une double croche.

D. Comment représente-t-on ces durées ?
R. Par un point mis après la note qui vaut la moitié d'une autre :
ce point augmente la note de la moitié de sa valeur.

D. Citez un exemple de cela.
R. La blanche vaut la moitié de la ronde ; un point mis après cette

blanche en augmente la valeur de la moitié; la blanche pointée vaut donc trois quarts de la ronde.

D. Comment représente-t-on un son dont la durée est égale à sept huitièmes d'un autre son?

R. En mettant un deuxième point après le premier, dont il augmente la valeur de moitié. Ainsi, une blanche pointée vaut trois quarts de ronde, et le deuxième point y ajoute un huitième de ronde, d'où il suit qu'une blanche avec deux points équivaut à sept-huitièmes de ronde.

D. Ne peut-on pas remplacer l'usage des points par quelque autre moyen?

R. Oui; on peut lier une noire avec une blanche, une croche avec une noire, une double croche avec une croche, une triple croche avec une double par des traits d'union; la réunion de ces notes ne représente qu'un seul son.

CHAPITRE V.

DES PROPORTIONS IRRÉGULIÈRES DE LA DURÉE DES SONS.

61. Les diverses durées des sons ne sont pas toujours dans le rapport régulier de 2 à 1, de 4 à 2 ou à 1, de 8 à 4, à 2 ou à 1, etc.; elles sont quelquefois dans le rapport irrégulier de 3 à 2, de 6 à 4, et même dans des rapports plus irréguliers encore, comme de 5 à 4. Par exemple, au lieu de deux croches, qui ont la valeur d'une noire, on fait quelquefois entendre trois sons dans le même temps. Ces trois sons ont plus de rapidité que deux croches et moins de vitesse que quatre doubles croches.

62. La proportion de deux croches pour une noire, de quatre doubles croches pour deux croches, etc., s'appelle *proportion binaire ;* la proportion de trois notes pour deux s'appelle *proportion ternaire.*

63. Dans la proportion ternaire on ne fait pas usage d'autres signes que dans la proportion binaire, mais la valeur des signes est différente. Ainsi, trois croches de cette proportion n'ont que la durée de deux dans la proportion binaire ; six doubles croches n'ont que la durée de quatre ; douze triples croches n'ont que la durée de huit.

64. On distingue les notes de la proportion ternaire en plaçant, au-dessus de chaque groupe de trois, de six ou de douze notes, les chiffres 3, 6 ou 12.

EXEMPLES :

Quelquefois, lorsque la même note doit être répétée trois ou six fois en proportion ternaire, on écrit, par abréviation, une seule de ces notes pointées dont on traverse la queue par une barre si l'on veut représenter trois croches, et par deux barres si l'on veut représenter six doubles croches. Au-dessus de ces signes d'abréviation, on place les chiffres 3 ou 6, qui servent d'indicateur pour la proportion ternaire.

EXEMPLES :

65. On appelle *triolets* et *sextolets* les notes de la proportion ternaire.

66. La proportion ternaire est d'un usage fréquent dans la musique. Il est d'autres proportions plus rares dont la musique instrumentale offre particulièrement des exemples. Ces proportions sont celles où cinq notes n'ont que la durée de quatre ; sept ou neuf, la durée de huit, etc. On rend ces proportions remarquables en mettant au-dessus des groupes de notes les chiffres qui indiquent leur nature.

EXEMPLES :

RÉCAPITULATION DU CINQUIÈME CHAPITRE.

D. *Les différences de durée des sons sont-elles toujours dans le rapport de 2 à 1, de 4 à 2 ou à 1, de 8 à 4, à 2 ou à 1, etc.?*

R. Non ; elles sont quelquefois dans le rapport de 3 à 1 ou à 2, de 6 à 4, à 2 ou à 1, etc.

D. *Comment appelle-t-on la proportion de durée des sons dans le rapport de 2 à 1, de 4 à 2?*

R. Proportion binaire.

D. Comment appelle-t-on la proportion de durée des sons dans le rapport de 3 à 1, de 3 à 2, etc.?

R. Proportion ternaire.

D. Quelle est la vitesse relative des signes de durée des sons dans la proportion ternaire ?

R. Elle est plus rapide d'un tiers que dans la proportion binaire. Ainsi, trois croches de la proportion ternaire ont la même durée que deux croches dans la proportion binaire.

D. Comment distingue-t-on la proportion ternaire de la binaire ?

R. En composant les groupes de notes par trois, par six, et aussi en mettant au-dessus de ces groupes les chiffres 3, 6 ou 12.

D. Comment appelle-t-on les groupes de trois, de six ou de douze notes de la proportion ternaire ?

R. Triolets, quand ils sont par trois, et sextelets, quand ils sont par six.

D. N'y a-t-il pas une manière abrégée d'écrire les triolets et sextelets ?

R. Oui : on les représente par des notes pointées, avec la queue barrée en travers et un chiffre qui indique leur proportion.

D. Y a-t-il d'autres proportions irrégulières ?

R. Oui : on trouve quelquefois des groupes de notes dans la proportion de 5 à 4, de 7 ou de 9 à 8, etc. ; mais l'usage de ces proportions est moins fréquent que celui de la proportion ternaire.

CHAPITRE VI.

DE LA DURÉE DU SILENCE DANS LA MUSIQUE,

67. Les sons ne se succèdent pas toujours immédiatement et sans repos dans la musique ; un silence plus ou moins long les sépare souvent. La durée de ce silence peut être mesurée comme la durée des sons.

68. On a vu précédemment (48) que le signe de la durée la plus longue d'un son se représente, dans la musique moderne, par une ronde. Le signe d'un silence égal à la durée d'une ronde s'appelle *pause*. Sa forme est celle-ci :

69. On sait qu'on représente un son égal à la durée de deux, trois, quatre, cinq rondes, en liant par des traits d'union autant de ces rondes qu'il est nécessaire ; de même, un silence égal à plusieurs pauses se représente par des pauses liées entre elles, ou accolées en nombre suffisant pour exprimer la longueur du silence. Ainsi, il y a des traits de deux et de quatre pauses, et ceux-ci sont placés à côté l'un de l'autre, en nombre égal à la quantité de pauses nécessaires pour le silence.

EXEMPLES :

70. Le signe d'un silence égal à la durée d'une blanche se nomme *demi-pause*. Sa forme est celle-ci :

On voit que la demi-pause diffère de la pause en ce qu'elle est placée sur une ligne de la portée, tandis que la pause est placée au-dessous de la ligne.

71. Le signe d'un silence égal à la durée d'une noire est appelé *soupir*. Il est fait ainsi : ꝭ

72. Le signe d'un silence égal à la durée d'une croche se nomme *demi-soupir*. Sa forme est celle-ci : ꝭ On voit que le soupir a son crochet tourné vers la droite, et que celui du demi-soupir est tourné vers la gauche,

73. Le *quart de soupir*, égal à la durée de la double croche, a un double crochet comme ceci : ꝭ Le huitième de soupir, égal à la durée de la triple croche, est fait en cette forme ꝭ Le seizième de soupir, égal à la durée d'une quadruple croche, est fait ainsi : ꝭ

74. Le silence égal à une blanche pointée se représente par une demi-pause et un soupir ; celui d'une noire pointée par un soupir suivi d'un demi-soupir ; et ainsi des autres durées de notes pointées.

75. Les signes de silence sont comme ceux de la durée des sons ; ils n'ont de valeur absolue de temps que celle qu'ils reçoivent du mouvement de chaque morceau de musique. Il y a tel mouvement si rapide, qu'une pause n'a pas plus de durée qu'un quart de soupir dans un mouvement lent.

RÉCAPITULATION DU SIXIÈME CHAPITRE.

D. Les sons se succèdent-ils toujours immédiatement et sans interruption dans la musique ?

R. Non ; ils sont souvent séparés par des silences plus ou moins longs.

D. La durée de ces silences peut-elle être mesurée comme celle des sons ?

R. Oui.

D. *Comment appelle-t-on le signe d'un silence égal à la durée d'une ronde ?*

R. Pause. Sa forme est celle-ci :

D. *Si le silence est égal à celui d'un nombre plus ou moins grand de rondes, comment le représente-t-on ?*

R. Par des traits qu'on appelle batons de deux ou dé quatre pauses, et qu'on accole sur la portée, en nombre suffisant pour représenter la durée du silence.

D. *Quel est le signe d'un silence égal à la durée d'une blanche ?*

R. La demi-pause, dont la forme est celle-ci :

D. *En quoi la demi-pause est-elle différente de la pause, quant à la forme ?*

R. En ce que la pause est placée au-dessous d'une des lignes de la portée, tandis que la demi-pause est placée au-dessus.

D. *Quel est le signe d'un silence égal à la durée d'une noire ?*

R. Le soupir, dont voici la forme : ᛁ

D. *Quel est le signe d'un silence égal à la durée d'une croche ?*

R. Le demi-soupir, qui est fait ainsi : ᛉ

D. *En quoi consiste la différence entre le soupir et le demi-soupir ?*

R. En ce que le soupir a le crochet tourné vers la droite, et le demi-soupir vers la gauche.

D. *Quel est le signe d'un silence égal à la durée d'une double croche ?*

R. Le quart de soupir ; en voici la forme : ᛜ

D. *Quel signe représente un silence égal à la durée d'une triple croche ?*

R. Le huitième de soupir, qui est fait ainsi : ᛞ

D. *Quel est le signe d'un silence égal à la durée d'une qua-druple croche?*

R. Le SEIZIÈME DE SOUPIR, dont voici la forme : 

D. *Comment se représentent les silences égaux à des notes pointées?*

R. En plaçant à côté du signe d'un silence égal à la note le signe d'un silence de la moitié de la valeur.

D. *Donnez un exemple de cela.*

R. Pour représenter un silence égal à une blanche pointée, on met un soupir après une demi-pause.

D. *Les signes de silence ont-ils une valeur absolue égale à une portion déterminée de temps?*

R. Non ; ils n'ont entre eux qu'une valeur relative. Quant à la durée absolue qu'ils représentent, elle est déterminée par le mouvement rapide, lent ou modéré du morceau de musique.

CHAPITRE VII.

DE LA DISPOSITION DES SIGNES DE DURÉE, ET DE LA MESURE DU TEMPS DANS LA MUSIQUE.

76. Dans les anciens temps, les notes de diverses valeurs et les signes de silence étaient écrits sur la portée à la suite l'un de l'autre, suivant les idées du compositeur, sans aucune séparation entre eux. On mettait seulement, au commencement du morceau, un signe qu'on appelait *signe de mesure* ou *de proportion*, qui indiquait si une certaine unité de temps devait être divisée en deux parties ou en trois. Les chanteurs et les instrumentistes devaient calculer, d'après les signes de mesure et de proportion, la quantité de notes et de signes de silence qui appartenaient à chaque unité de temps : cela était difficile.

Postérieurement, on a rendu plus facile la lecture de la musique en renfermant, entre deux barres verticales, toutes les notes et tous les signes de silence qui appartiennent à chaque portion de temps qui doit être divisée en deux, en trois, ou en quatre parties. Tout ce qui est renfermé dans l'espace des deux barres verticales s'appelle proprement en musique une *mesure*. Les chanteurs et les joueurs d'instruments, ayant sous les yeux tout ce qui appartient à chaque mesure, n'ont d'autre calcul à faire que celui de chacune des divisions de ces mesures.

EXEMPLE :

77. Les valeurs de notes, renfermées dans l'espace d'une barre verticale à une autre, se divisant en un certain nombre de parties

appelées *temps de la mesure*, un signe placé au commencement du morceau de musique, près de la clef, est nécessaire pour indiquer si la division des valeurs doit être faite par deux temps, ou par trois, ou par quatre. Ce signe s'appelle *signe de mesure*.

On appelle *mesure binaire* celle qui doit être divisée en deux parties ; *mesure ternaire*, celle qui doit être divisée en trois parties, et *mesure quaternaire*, celle qui doit être divisée en quatre.

79. La ronde est considérée, dans la musique moderne, comme un signe d'unité de mesure. La valeur de cette ronde est renfermée entre les deux barres verticales dans la *mesure à deux temps*, dont le signe est ₵ et dans la *mesure à quatre temps*, représentée par le signe C Ces signes, comme tous ceux de la mesure, sont placés près de la clef.

EXEMPLE D'UNE MESURE A DEUX TEMPS,

Les temps de cette mesure sont indiqués par des mouvements égaux de la main, dont le premier se fait en baissant et le second en levant.

EXEMPLE D'UNE MESURE A QUATRE TEMPS.

Les temps de cette mesure sont indiqués par des mouvements de la main, dont le premier se fait en baissant, le deuxième en allant vers la gauche, le troisième vers la droite, le quatrième en levant. Dans ces mouvements, la main décrit une figure à peu près semblable à celle-ci :

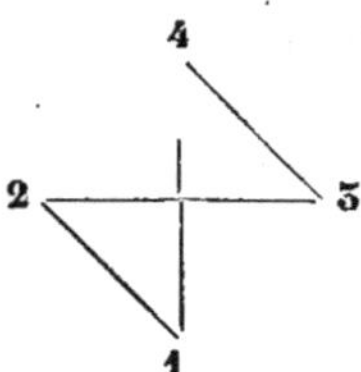

La division de la mesure en deux temps peut se faire, lors même qu'elle ne renferme pas la valeur d'une ronde, pourvu qu'on trouve à chacun des deux temps une division binaire de ses parties. Ainsi, il y a une mesure à deux temps qui ne renferme que la valeur de deux noires ou d'une blanche entre deux barres, et qu'on indique par les chiffres $\frac{2}{4}$ parce que la noire a la valeur du quart d'une ronde, et qu'il y a deux de ces quarts dans une mesure.

EXEMPLE D'UNE MESURE A $\frac{2}{4}$:

Les temps de cette mesure sont indiqués par des mouvements de la main semblables à ceux de la mesure à deux temps simples.

80. Dans les mesures ternaires ou à trois temps, le contenu entre les barres verticales est composé de trois quarts de la ronde, représentés par les chiffres $\frac{3}{4}$ près de la clef, ou de trois moitiés de cette même ronde, indiquées par les chiffres $\frac{3}{2}$, ou de trois unités de

ronde, indiquées par les chiffres $\frac{3}{4}$, ou enfin de trois huitièmes de cette même ronde, représentés par les chiffres $\frac{3}{8}$

EXEMPLES DES MESURES TERNAIRES :

81. Les temps des mesures ternaires sont indiqués par des mouvements de la main dont le premier se fait en baissant, le deuxième en allant vers la droite, et le troisième, en levant. Dans ces mouvements, la main décrit une figure à peu près semblable à celle-ci :

(1) Cette figure de note, dont l'usage est fort rare, équivaut à la valeur de deux ondes, lorsqu'elle n'est pas suivie d'un point, et de trois rondes, lorsqu'elle est pointée.

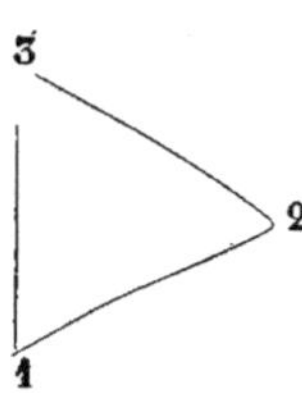

82. Dans la mesure à $\frac{3}{4}$ chaque noire a la valeur d'un temps; dans la mesure à $\frac{3}{8}$ chaque croche a la même valeur; dans la mesure à $\frac{3}{2}$ il faut une blanche pour la valeur de chaque temps; enfin dans la mesure à $\frac{3}{1}$ la ronde n'a que la même valeur.

83. De même qu'il y a des *mesures binaires* et des *mesures ternaires*, il y a des *temps binaires* et des *temps ternaires* dans chaque espèce de mesures.

Les temps binaires sont ceux dans lesquels on n'admet que les valeurs de notes qui se divisent par deux, comme la blanche divisée en deux noires, ou quatre croches, ou huit doubles croches, etc.; les temps ternaires sont ceux où il y a des valeurs de notes divisibles par trois : par exemple, une blanche pointée qui se divise en trois noires, six croches, douze doubles croches, etc.

84. Il y a des *mesures binaires à temps binaires* : ce sont les mesures à deux et à quatre temps, marquées ₵, $\frac{2}{4}$, C ; des *mesures ternaires à temps binaires ;* ce sont les mesures $\frac{3}{4}$ $\frac{3}{8}$ $\frac{3}{2}$ et $\frac{3}{1}$

Il y a des mesures binaires à temps ternaires; ce sont :

1° La mesure qui contient douze quarts de ronde divisibles en quatre temps, de la valeur de trois noires chacun. Cette mesure est indiquée près de la clef par les chiffres $\frac{12}{4}$

EXEMPLES :

2° La mesure qui contient douze huitièmes de ronde divisibles en quatre temps, de la valeur de trois croches chacun. Cette mesure est indiquée près de la clef par les chiffres $\frac{12}{8}$

3° La mesure qui contient douze seizièmes de ronde, divisibles en quatre temps, de la valeur de trois doubles croches chacun. Cette mesure est indiquée près de la clef par les chiffres $\frac{12}{16}$

EXEMPLE :

4° La mesure qui contient six quarts de ronde, représentée par une ronde pointée divisible en deux temps de la valeur de trois noires chacun. Cette mesure est indiquée près de la clef par les chiffres $\frac{6}{4}$

EXEMPLE :

5° La mesure qui contient six huitièmes de ronde, représentée par une blanche pointée divisible en deux temps, de la valeur de trois croches chacun. Cette mesure est indiquée près de la clef par les chiffres $\frac{6}{8}$

EXEMPLE :

6° La mesure qui contient six seizièmes de ronde, représentée par une noire pointée divisible en deux temps, de la valeur de trois doubles croches chacun. Cette mesure est indiquée près de la clef par les chiffres $\frac{6}{16}$

EXEMPLE :

Il y a aussi des *mesures ternaires à temps ternaires ;* ce sont :

1° La mesure qui contient neuf quarts de ronde, représentée par trois blanches pointées divisibles en trois temps, de la valeur de trois noires chacun. Cette mesure est indiquée près de la clef par les chiffres $\frac{9}{4}$

EXEMPLE :

2° La mesure qui contient neuf huitièmes de ronde, représentée par trois noires pointées divisibles en trois temps, de la valeur de trois croches chacun. Cette mesure est indiquée par les chiffres $\frac{9}{8}$

EXEMPLE :

3° La mesure qui contient neuf seizièmes de ronde, représentée par trois croches pointées, divisées en trois temps de la valeur de trois doubles croches chacun. Cette mesure est indiquée par les chiffres $\frac{9}{16}$

EXEMPLE :

85. Quelquefois la première mesure d'un morceau de musique est incomplète et commence par une seule note, par deux, par trois, qui n'ont pas la valeur de tous les temps dont cette mesure devrait être composée.

EXEMPLES :

Ces dispositions irrégulières de la mesure supposent qu'un silence égal à ce qui manque pour la compléter précède la première note, en sorte que les exemples qu'on vient de voir ne sont que des abréviations de ceux-ci :

4

86. Souvent un son commence dans une mesure et ne finit que dans la mesure suivante. Si ce son doit avoir la durée d'une ronde, on place une blanche au deuxième temps de la première mesure, une autre au premier temps de la deuxième, et l'on réunit les deux notes par une liaison. Si le son ne doit avoir que la durée de trois quarts de ronde, on met la blanche dans la première mesure, et un point ou une noire liée après la barre verticale. Il en est de même pour toutes les autres valeurs de notes.

EXEMPLES :

Ces prolongations d'un son d'une mesure dans la suivante ou d'un temps sur un autre se nomment *syncopes*.

RÉCAPITULATION DU SEPTIÈME CHAPITRE.

D. Comment écrivait-on autrefois la musique sur les portées?

R. On écrivait toutes les notes à la suite l'une de l'autre, suivant la valeur qu'elles devaient avoir, et sans aucune séparation.

D. Par quel moyen indiquait-on les divisions de temps de toutes ces valeurs de notes?

R. Par des signes qui faisaient connaître si la division d'une certaine unité de temps devait être faite en deux ou trois parties.

D. Cette division se faisait-elle sans peine?

R. Non ; elle offrait souvent beaucoup de difficultés.

D. Comment l'a-t-on rendue facile?

R. En séparant par des barres verticales, appelées *barres de mesure*, ce qui appartient à chaque unité de temps.

D. Comment appelle-t-on le contenu de notes et de signes de notations placés entre deux barres ?

R. Une mesure.

D. Par quel nom désigne-t-on chaque division de la mesure ?

R. Par celui de temps.

D. Comment nomme-t-on les mesures qui doivent être divisées en deux parties ?

R. MESURES BINAIRES OU MESURES A DEUX TEMPS.

D. Quel est le nom des mesures qui doivent être divisées en trois parties?

R. MESURES TERNAIRES OU MESURES A TROIS TEMPS.

D. Quel est celui des mesures qui doivent être divisées en quatre parties?

R. MESURES QUATERNAIRES OU MESURES A QUATRE TEMPS.

D. Comment se marquent les temps de la mesure?

R. Par des mouvements de la main.

D. Quels sont ces mouvements?

R. Dans la mesure à deux temps, le premier se fait en baissant, le second en levant. Dans la mesure à trois temps, le premier se fait en baissant, le deuxième vers la droite, le troisième en levant. Dans la mesure à quatre temps, le premier se fait en baissant, le deuxième à gauche, le troisième à droite, le quatrième en levant.

D. Par quels signes indique-t-on si la mesure est binaire, ternaire ou quaternaire?

R. La mesure à deux temps est indiquée par un ₵ si la valeur de temps contenue entre deux barres verticales est égale à une ronde, et par $\frac{2}{4}$ si cette valeur n'égale qu'une blanche. La mesure à trois temps se marque par $\frac{3}{4}$ si la valeur contenue entre deux barres est égale à trois quarts de ronde, et par $\frac{3}{8}$ si cette valeur n'est égale qu'à trois quarts de blanche. La mesure à quatre temps est indiquée par un C

D. *Où se placent ces signes?*

R. Auprès de la clef, au commencement d'un morceau de musique, ou dans le cours de ce même morceau, s'il y a un changement de mesure.

D. *N'y a-t-il point d'autres mesures que celles dont vous venez de parler ?*

R. Il ne peut y avoir que des mesures à deux temps, à trois ou à quatre ; mais dans celles dont les signes viennent d'être indiqués, tous les temps sont binaires. Il est d'autres mesures dont les temps se divisent par trois, et sont conséquemment ternaires.

D. *Quelles sont les mesures binaires à temps ternaires, et par quels signes les indique-t-on?*

R. La première a la valeur d'une ronde pointée et contient trois noires à chaque temps ; on l'indique par $\frac{6}{4}$ La deuxième a la valeur d'une blanche pointée, et contient trois croches, ou leur équivalent à chaque temps ; elle est indiquée par $\frac{6}{8}$ La troisième a la valeur d'une noire pointée, et se divise en deux temps égaux de trois doubles croches ; on l'indique par $\frac{6}{16}$

D. *Quelles sont les mesures ternaires à temps ternaires, et par quels signes les indique-t-on ?*

R. La première a la valeur de trois blanches pointées ; elle est indiquée par $\frac{9}{4}$ La deuxième a la valeur de trois noires pointées; elle est indiquée par $\frac{9}{8}$ La troisième a la valeur de trois croches pointées ; elle est indiquée par $\frac{9}{16}$

D. *Quelles sont les mesures quaternaires à temps ternaires, et par quels signes les indique-t-on?*

R. La première a la valeur de quatre blanches pointées ; on l'indique par $\frac{12}{4}$ La deuxième a la valeur de quatre noires pointées; on l'indique par $\frac{12}{8}$ La troisième a la valeur de quatre croches pointées; on l'indique par $\frac{12}{16}$

D. *Toutes les mesures contiennent-elles toujours la valeur des temps qui leur appartiennent?*

R. Non : la première mesure d'un morceau de musique ne renferme quelquefois qu'une, ou deux, ou trois notes qui n'ont pas la valeur de la mesure complète.

D. *Comment expliquez-vous cela?*

R. Lorsque la première mesure d'un morceau de musique est incomplète, cela suppose qu'un silence égal à ce qui manque précède la première note.

D. *Par quel moyen indique-t-on un son qui se prolonge d'une mesure dans une autre ou d'un temps dans le temps suivant?*

R. Un son de cette espèce est représenté par deux notes semblables, dont l'une est placée avant la barre, l'autre après, et qui sont réunies par une liaison, ou par une note suivie d'un point qui est placé après la barre de mesure. Lorsqu'un son n'occupe que la seconde moitié d'un temps et se prolonge sur la première moitié du temps suivant, il est représenté par une seule note dont la moitié de la valeur appartient au premier temps, et l'autre moitié au second.

D. *Quel nom donne-t-on à ces prolongations d'un son allant d'une mesure à la mesure suivante, ou d'un temps au suivant?*

R. On les appelle *syncopes,* ou *sons syncopés.*

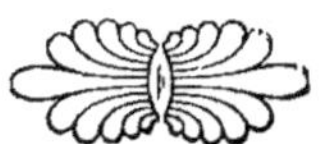

CHAPITRE VIII.

DU MOUVEMENT DANS LA MESURE.

87. On a vu précédemment (chapitre IV, 46) que les notes n'ont entre elles qu'une valeur relative, et qu'elles ne représentent pas de durée absolue. Il suit de là qu'une mesure quelconque ne représente pas absolument une certaine durée de temps : car si le mouvement est vif, la durée des mesures et des notes qu'elles contiennent est très-courte, et si le mouvement est lent, cette durée est beaucoup plus considérable.

La durée des mesures et des notes varie donc en raison du mouvement.

88. Les nuances du mouvement, depuis le plus lent jusqu'au plus rapide, sont très-diverses. On les indique communément par des mots italiens qui n'ont pas eux-mêmes une signification bien précise, mais qui indiquent d'une manière approximative le caractère du morceau.

89. Voici une liste de ces mots employés habituellement, depuis l'indication du mouvement le plus lent jusqu'au plus rapide.

1° *Largo, lento,*
    sostenuto. . . nuances peu sensibles d'un mouvement très-lent.

2° *Larghetto.* . . assez largement.

3° *Adagio* . . . . lentement.

4° *Maestoso* . . . majestueusement.

5° *Andantino.* . . allant un peu, sans trop de lenteur.

6° *Andante* (1). . allant d'un mouvement décidé.

(1) Les musiciens ont élevé quelquefois des discussions sur la signification des mots *andante* et *andantino*. Quelques-uns affirmaient qu'*andantino* devait indiquer un mouvement moins lent qu'*andante*, parce qu'il est un diminutif de celui-ci; mais c'est pré-

7° *Amoroso*. . . . amoureusement.

8° *Moderato* . . . modérément.

9° *Gracioso*. . . . d'un mouvement gracieux.

10° *Tempo giusto*. d'un mouvement animé, mais pas trop rapide.

11° *Allegretto*. . . assez gai, mais pas trop vite.

12° *Allegro*. . . . gai, animé.

13° *Con brio* . . . avec brillant. Plus vite qu'*allegro*.

14° *Scherzo*. . . . d'un mouvement léger et badin.

15° *Vivace*. . . . . avec vivacité.

16° *Presto*. . . . . pressé, très-vite.

17° *Prestissimo* . . excès de vitesse.

90. Toutes ces expressions sont modifiées dans leur signification par les mots *un poco*, qui veut dire un peu (*un poco adagio*, un peu lent; *un poco allegro*, un peu gai); *molto*, qui signifie beaucoup (*molto lento*, très-lent); *assai*, nuance positive plus forte que *molto* (*allegro assai*, fort animé); et enfin *non troppo*, qui signifie pas trop (*non troppo adagio*, pas trop lent; *non troppo allegro*, pas trop vite).

91. Toutes ces indications de mouvement ont le défaut d'être vagues, de ne rien offrir de précis à l'esprit, et de se confondre par une multitude de nuances imperceptibles. Les compositeurs eux-mêmes éprouvent souvent beaucoup de difficultés à faire connaître le mouvement réel de leurs morceaux par ces expressions; encore moins peuvent-ils avoir la certitude que leur pensée sera comprise par les exécutants. Depuis longtemps, on reconnaissait les inconvénients de cette manière d'indiquer les mouvements de la musique, et l'on avait cherché à y substituer des déterminations plus précises par des instruments appelés *chronomètres*; mais les imperffection plus ou moins sensibles de ces instruments n'avaient pas permis d'en propager l'usage. Maelzel, profitant de l'heureuse invention

cisément à cause de cela qu'il indique un mouvement plus lent; car *andante*, qui vient d'*andare*, aller, veut dire *qui va*, et *andantino*, allant un peu, à petits pas. Il en est de même d'*allegro* et d'*allegretto*.

d'un célèbre mécanicien hollandais, nommé Winckel, est parvenu enfin à construire un instrument de ce genre beaucoup plus parfait que tous les autres, et l'a fait connaître sous le nom de *métronome*. C'est par lui que les compositeurs indiquent maintenant les mouvements de leurs compositions.

92. La division d'une minute (soixantième partie d'une heure) en un certain nombre de mesures ou de temps de mesure, est le principe sur lequel la construction du métronome est basée. Une verge mobile, mise en vibration par un mécanisme d'horlogerie, marque les mesures, ou les temps, ou leurs subdivisions. Un poids, qui glisse le long de la verge, accélère ou ralentit le mouvement, en changeant le centre de gravité.

93. Le mouvement le plus lent indiqué par le métronome est celui où le balancier bat quarante-huit vibrations dans une minute. Si l'on suppose que chacune de ces vibrations a la valeur d'un temps, et qu'on divise ces quarante-huit temps en mesures à quatre temps de la valeur d'une ronde, on trouvera que chaque mesure, ou chaque ronde, équivaut à *un douzième de minute*, chaque blanche à *un vingt-quatrième*, chaque noire à *une seconde et un quart*, et ainsi des autres valeurs, en diminuant de moitié jusqu'aux plus rapides.

Cependant la lenteur peut être plus considérable encore ; dans ce cas, ce ne sont pas les temps qui sont battus par le métronome, mais les demi-temps, c'est-à-dire la valeur des croches. Supposé donc qu'on veuille connaître le mouvement vrai d'un *largo* à quatre temps, on placera le poids mobile sur la verge du métronome en face du chiffre 60, et l'on aura la valeur réelle de chaque croche de ce mouvement ; d'où il suit que la valeur de chacune de ces croches sera d'une seconde, et qu'il faudra une minute pour exécuter trois mesures et trois quarts. Un pareil mouvement serait indiqué par le compositeur, au commencement du morceau, par ces signes : ♪ — 60.

94. D'après ce qui précède, on conçoit qu'il ne suffit pas de l'indication du chiffre du métronome pour connaître le mouvement vrai d'un morceau de musique ; il est indispensable que les compositeurs

y ajoutent la figure de la note dont la valeur est répétée dans l'espace d'une minute, le nombre de fois indiqué par le chiffre. Ainsi le chiffre 60, joint à la figure de la noire, indique un mouvement une fois plus rapide que le même chiffre accompagné de la croche ; ce même chiffre précédé d'une blanche a deux fois plus de vitesse ; enfin, ce même chiffre accompagné d'une ronde est quatre fois plus rapide. Mais, attendu qu'il est toujours plus avantageux d'indiquer les temps que les mesures, dans les mouvements animés qui n'ont pas une rapidité excessive, on marquerait avec plus de précision ce dernier mouvement par $\wp$—120, que par o—60.

95. Quelquefois le mouvement est si rapide, que les mesures ne peuvent être divisées par temps, surtout quand elles sont ternaires. Par exemple, il y a quelques morceaux de symphonies, appelés *scherzo*, qui sont d'un mouvement correspondant à 130—$\wp$ par chaque minute ; en sorte que la valeur de chaque temps de la mesure ternaire, ou chaque noire, n'est que d'environ un septième de seconde. On conçoit qu'il est impossible de marquer des temps si rapides avec la main, et que d'ailleurs il n'y aurait aucune utilité à faire ces évolutions multipliées. Dans le fait, la mesure sensible de pareils mouvements n'est que dans le frappé de chaque valeur de blanche pointée, en sorte que la vraie mesure de ces mouvements est un seul temps.

Telle est toute la théorie de la mesure, de la valeur réelle des temps, et de l'usage du métronome.

RÉCAPITULATION DU HUITIÈME CHAPITRE.

D. *Y a-t-il une durée fixe et invariable pour chaque espèce de mesures ?*

R. Non, pas plus qu'il n'y a de durée absolue pour les notes dont se composent les mesures.

D. Par quoi se détermine la durée variable des mesures?

R. Par le mouvement des morceaux de musique, qui peut être lent, modéré ou vif.

D. Comment indique-t-on si le mouvement est lent, modéré ou vif?

R. Il y a deux manières de faire cette indication. La première consiste à écrire au commencement des morceaux de musique des mots qui font connaître les diverses nuances de lenteur ou de vitesse. Par exemple, *largo, adagio, maestoso,* pour les mouvements lents; *andante, moderato, allegretto,* pour les mouvements modérés; *allegro, vivace, presto,* pour les mouvements vifs.

D. Ces expressions indiquent-elles avec précision le degré de lenteur ou de vitesse du mouvement?

R. Non; leur inconvénient est d'être vagues, et de ne faire connaître les nuances de lenteur et de vitesse que d'une manière imparfaite.

D. En quoi consiste l'autre méthode d'indication des mouvements?

R. Elle consiste dans l'usage d'un instrument de précision appelé *métronome,* et qui sert à mesurer le temps qui s'écoule dans chaque mesure.

D. Comment cet instrument indique-t-il le mouvement et la durée des mesures?

R. Par les oscillations d'un balancier qui se meut plus ou moins rapidement, en raison du déplacement d'un poids qui glisse sur sa tige. Une échelle de chiffres indique le nombre d'oscillations ou de temps du balancier dans la durée d'une minute, et l'on fait faire au balancier le nombre d'oscillations voulu, en plaçant le poids vis-à-vis du chiffre de ce nombre.

D. Quelle valeur de notes indique chaque oscillation du balancier?

R. Cette valeur se détermine par le compositeur, en raison de la lenteur ou de la vitesse du mouvement de sa composition.

D. Donnez un exemple de cela.

R. Supposez que le nombre des oscillations soit 60 dans une minute : si chacune de ces oscillations marque la valeur d'une croche, la durée de chaque croche est d'une seconde, et le mouvement est très-lent; si les oscillations marquent la durée des noires, le mouvement est une fois plus vif; si elles marquent des blanches, elles indiquent un mouvement deux fois plus rapide; et enfin, si elles marquent des rondes, elles indiquent un mouvement très-vif.

D. Ne suffirait-il pas qu'il y eût un seul mouvement d'oscillation du balancier pour indiquer tous les degrés de lenteur ou de vitesse, en changeant seulement la valeur de la note attribuée à chaque oscillation ?

R. Non, car tous les mouvements ne sont pas une fois, deux fois, quatre fois plus lents ou plus vifs, il y des nuances intermédiaires.

D. Comment les compositeurs indiquent-ils les mouvements par le métronome ?

R. Ils font cette indication en écrivant la figure de la note qui correspond à chaque oscillation, suivie du chiffre de ces oscillations. Par exemple,  — 72 fait voir qu'il doit y avoir dans l'espace d'une minute la valeur de 72 blanches.

CHAPITRE IX.

DES NOTES QUI N'ONT POINT DE VALEUR DÉTERMINÉE DANS LA MESURE.

96. On fait souvent usage, dans la musique, de petites notes qui servent d'ornement aux mélodies, et qui pourraient être supprimées sans en altérer les formes. Ces petites notes sont ordinairement exécutées dans un mouvement si rapide, qu'on ne peut leur assigner de valeur précise : le temps nécessaire à leur exécution doit se prendre sur celui des notes réelles de la mélodie ou de l'harmonie; mais ce temps est si court, qu'il n'est point appréciable dans la durée de la mesure.

97. Les notes d'ornement sont de plusieurs espèces, savoir : 1° les *petites notes simples ;* 2° les *appogiatures ;* 3° les *demi-groupes ;* 4° les *groupes.*

Les petites notes simples sont celles qui, placées au-dessus ou au-dessous des notes réelles, passent avec beaucoup de rapidité, comme dans les exemples suivants :

Les appogiatures sont des petites notes semblables aux précédentes pour la forme, mais qui en diffèrent par leur destination, car elles sont plutôt des notes d'expression que des notes d'ornement. Elles sont habituellement employées avant la pénultième note réelle d'une phrase ou d'un membre de phrase mélodique, et se placent au-dessus ou au-dessous de cette note. Ce genre de petites notes a une durée plus grande que les autres ; cette durée est empruntée sur celle de la note réelle qui suit l'appogiature, et se fait plus ou moins longue, en raison du caractère de la musique et de son mouvement.

EXEMPLES :

Effet.

Effet.   Effet.

Le demi-groupe est composé de deux petites notes, qui doivent
être exécutées avec beaucoup de rapidité. Ces petites notes font
entre elles un saut de tierce, avant de se reposer sur la note réelle;
le mouvement peut être fait de la note inférieure à la supérieure, ou
de celle-ci à l'inférieure.

EXEMPLES :

Il y a une autre espèce de demi-groupe, dont on fait maintenant
peu d'usage, et qu'on appelait autrefois *port de voix;* il est composé
de deux notes diatoniques descendantes ou ascendantes.

EXEMPLES :

Le groupe est composé de trois ou de quatre notes ascendantes
ou descendantes. Le groupe de trois notes est d'un usage plus fréquent que celui de quatre. On doit l'exécuter avec beaucoup de rapidité. En voici des exemples :

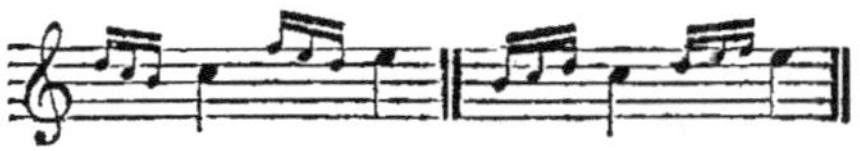

Quelquefois le groupe est écrit par un signe de convention qui abrége, et dont la forme est celle-ci ∿, pour le groupe descendant ; et celle-ci ∾, pour le groupe ascendant.

Si la dernière note du groupe doit être accompagnée d'un # ou d'un ♮, ces signes accompagnent celui d'abréviation.

EXEMPLES :

Le groupe de quatre notes, ascendant ou descendant, se termine souvent sur la note par où il a commencé ; cependant il y a quelques exceptions à cet usage.

EXEMPLES :

98. On fait souvent usage, dans la musique, d'une autre sorte d'ornement, qu'on désigne sous le nom de *trille* ou de *cadence*. Ce trille consiste en un passage alternatif et rapide d'une note à la note voisine ; et ce passage dure pendant toute la valeur de la note sur laquelle le trille est indiqué par les lettres *tr*. Le trille est habituellement terminé par deux petites notes dont le mouvement est en sens inverse de celui du trille.

Lorsque le trille est placé sur une note de grande valeur, on commence avec lenteur le passage alternatif dont il est formé, et ce passage est accéléré par degré.

EXEMPLE :

Effet.

99. Il y a une sorte de trille très-court, auquel on a donné le nom de *mordant* : on l'indique par ce signe ᰉ, placé au-dessus de la note où le mordant doit être exécuté.

EXEMPLES :

RÉCAPITULATION DU NEUVIÈME CHAPITRE.

D. *Que désigne-t-on, dans la musique, sous le nom de* PETITES NOTES ?

R. On appelle ainsi des notes qui servent à l'ornement de la mélodie, et dont l'exécution est si rapide, qu'on ne peut leur assigner de valeur de temps.

D. *Combien y a-t-il de formes d'ornements par les petites notes ?*

R. Quatre, savoir : les *petites notes simples*, les *appogiatures*, les *demi-groupes* et les *groupes*.

D. *Qu'est-ce que la petite note simple ?*

R. C'est une petite note isolée, qui se place en dessus ou au-dessous des notes réelles de la mélodie, et qui s'exécute avec rapidité.

D. *Qu'est-ce que l'appogiature ?*

R. C'est aussi une petite note isolée, qui se met au-dessus et au-dessous de la pénultième note d'une phrase ou d'un membre de phrase mélodique, et dont la durée, plus ou moins longue, est empruntée sur la durée de la note réelle.

D. Qu'est-ce qu'un DEMI-GROUPE?

R. Un demi-groupe est formé de deux petites notes d'un mouvement rapide, qui font un saut de tierce ascendant ou descendant, avant de se reposer sur la note réelle de la mélodie. Il y a aussi des demi-groupes dont le mouvement est diatonique.

D. Qu'est-ce qu'un groupe?

R. C'est un assemblage de trois ou quatre petites notes, ascendantes ou descendantes, qui se font avec rapidité, par mouvement diatonique, avant une note réelle de la mélodie.

D. N'y a-t-il point d'autres ornements de la mélodie que ceux que vous venez d'indiquer?

R. Il est souvent fait usage, dans la musique, d'une sorte de tremblement ou de passage rapide et alternatif d'une note à une autre voisine. Cet ornement, appelé *trille*, est indiqué, au-dessus de la note sur laquelle il doit être exécuté, par les lettres *tr*.

D. N'y a-t-il qu'une sorte de trille?

R. Il y en a deux. Le premier, qui a toute la durée de la note sur laquelle il est indiqué, s'appelle proprement le *trille*; l'autre, beaucoup plus court, et qui n'est composé que de deux mouvements alternatifs, s'appelle *mordant*.

CHAPITRE X.

DES SIGNES D'EXPRESSION.

100. On appelle expression, en musique, certaines modifications des sons ou accents qui consistent à les adoucir ou à en augmenter la force, soit tout à coup, soit par degrés. Ces inflexions, par leur analogie avec les modifications du langage, suggérées par les sentiments ou les passions de celui qui parle, sont destinées primitivement au même usage ; mais le sens précis de l'expression musicale est souvent difficile à saisir, surtout dans la musique instrumentale, dont la signification est vague ou indéterminée.

101. Les sentiments tendres s'expriment, en général, par des sons doux ; les sentiments énergiques, par des sons forts. Mais entre les sons absolument doux et forts, il y a des multitudes de nuances et de gradations qui doivent être indiquées, pour que l'exécution de la musique soit conforme à la pensée des auteurs. Ces modifications de la force ou de la douceur sont marquées par des lettres ou par des syllabes qui représentent en abrégé certains mots italiens dont la signification se rapporte aux effets qu'il faut produire. Voici une table des principaux signes d'expression, des mots dont ils sont l'abréviation, et de la signification de ceux-ci.

TABLE DES SIGNES D'EXPRESSION.

FF.	*Fortissimo.* . .	Très-fort.
F.	*Forte*	Fort.
M. F.	*Mezzo forte.* .	A demi-fort.
Sfz.	*Sforzando.* . .	En forçant.
Rinf. ou Rfz.	*Rinforzando.* .	Augmentant la force.

M. V.	*Mezza voce*. . .	A demi-voix.
Cresc.	*Crescendo*. . .	Augmentant la force peu à peu.
Decresc. . . .	*Decrescendo*. .	Diminuant la force peu à peu.
Dimin.. . . .	*Diminuendo*. .	
P.	*Piano*.	Doux.
PP.	*Pianissimo* . .	Très-doux.
Smorz.. . . .	*Smorzando* . .	En diminuant par degrés la force du son, autant que cela se peut.
Perdend.. . .	*Perdendosi* . .	
Morend. . . .	*Morendo*. . . .	
FP.	*Forte piano* . .	La première note avec force, la seconde avec douceur.
PF.	*Piano forte* . .	La première note avec douceur, la deuxième avec force.
Dol.	*Dolce*	Doux.

102. Il est d'autres signes, dont l'usage est fréquent, pour indiquer une augmentation ou une diminution rapide de force. Ces signes sont : celui-ci ◁═══ pour le premier effet, et celui-ci ═══▷ pour le second. On fait aussi quelquefois usage de celui-ci ∧ pour indiquer un accent énergique.

103. Quelques signes particuliers sont spécialement destinés à faire connaître certaines circonstances de l'exécution instrumentale. Ces signes sont aussi l'abrégé de mots italiens dont on trouve ici la signification :

Stac.	*Staccato* . . .	Les notes détachées.
Leg.	*Legato*. . . .	Les notes liées.
Pizzic.	*Pizzicato* . . .	Les notes pincées.
C. A.	*Col' arco*. . .	Avec l'archet.
Scherz	*Scherzando*. .	En badinant.
Cal	*Calando* . . .	En échauffant l'exécution.
Vib.	*Vibrato*. . . .	En faisant vibrer la voix ou le son de l'instrument avec force.

N. B. Ce chapitre n'est pas susceptible d'être résumé en dialogue.

CHAPITRE XI ET DERNIER.

DE QUELQUES SIGNES ACCESSOIRES.

104. Quelquefois la mesure et le mouvement doivent être suspendus par la tenue d'une note. Cet effet est indiqué par un point placé au centre d'un demi-cercle, au-dessus ou au-dessous d'une note. On donne à ce signe le nom de *point d'orgue* ou *point d'arrêt*.

EXEMPLES :

105. Lorsque les notes doivent être détachées avec force sur les violons, violes et basses, elles sont surmontées de points allongés. Si elles doivent être détachées avec légèreté, les points placés au-dessus d'elles sont ronds. Quelquefois, pour indiquer que ce détaché doit être un peu retenu, on place une liaison au-dessus des points.

EXEMPLES :

106. Lorsqu'il est nécessaire que les sons soient liés entre eux, les notes sont surmontées d'un trait, dont la courbe s'allonge en raison du nombre de celles qui doivent être liées (voyez l'exemple n° 1).

Quelquefois les notes sont alternativement liées et détachées (voyez l'exemple nº 2).

107. A la fin de chaque morceau de musique, et quelquefois au milieu, on trouve deux barres verticales qui indiquent, ou la fin, ou la division du morceau en plusieurs parties. S'il y a deux points près de ces barres, ils indiquent qu'il faut dire deux fois la section de l'ouvrage contenue entre les barres pointées.

EXEMPLES :

108. Le signe de renvoi 𝄋 indique qu'il faut recommencer à l'endroit où il est placé.

109. Les mots *Da capo*, ou les lettres *D.C.*, font connaître qu'il faut reprendre l'exécution au commencement du morceau.

FIN.

TABLE DES CHAPITRES.

FIN DE LA TABLE.

PARIS. — IMPRIMERIE DE E. MARTINET, RUE MIGNON, 2.

LA LYRE FRANÇAISE

300 AIRS D'OPÉRAS, DUOS, ROMANCES, ETC., SANS ACCOMPAGNEMENT

1. LE DOMINO NOIR...... Ah! quelle nuit!......... COUPLETS.
2. — Qui je suis?... une fée.. —
3. L'ÉCLAIR........... Quand de la nuit.... ROMANCE..
4. L'ENFANT PRODIGUE... Allez, suivez votre pensée. —
5. L'ÉTOILE DU NORD.... En sa demeure........ COUPLETS.
6. LA FAVORITE....... Pour tant d'amour........ CAVATINE.
7. — Un ange, une femme.... ROMANCE.
8. LA FÉE AUX ROSES.... Oui, chaque jour je viens. —
9. LA FIANCÉE......... Entendez-vous?........ DUO........
10. — Montagnard ou berger.... TYROLIENNE
11. FRA DIAVOLO........ Je voulais bien........ COUPLETS.
12. — Voyez sur cette roche.... RONDE.
13. GUIDO ET GINEVRA.... Pendant la fête........ ROMANCE.
14. GUILLAUME TELL.... Sombres forêts, désert.... BARCAROLLE
15. HAYDÉE........ Ah! que la nuit est belle! BARCAROLLE
16. ♦ — C'est la corvette........ COUPLETS.
17. LES HUGUENOTS...... Plus blanche............ ROMANCE.
18. LA JUIVE....... Rachel, quand du Seigneur... AIR
19. LA MUETTE DE PORTICI. Ferme tes yeux........ CAVATINE.
20. LA PART DU DIABLE.. Ferme ta paupière, dors.. ROMANCE.
21. LE PHILTRE......... Je suis sergent.......... AIR.
22. LE POSTILLON DE LONJUMEAU. Mes amis, écoutez.. RONDE.
23. LE PRÉ AUX CLERCS... Jours de mon enfance..... AIR.
24. LE PROPHÈTE....... Pour Bertha, moi je soupire PASTORALE.
25. LA REINE DE CHYPRE.. Triste exilé........... CAVATINE.
26. ROBERT-LE-DIABLE... Nonnes qui reposez...... ÉVOCATION
27. — Va!... dit-elle, va....... ROMANCE.
28. LA SIRÈNE........ O dieu des flibustiers.... COUPLETS.
29. LE VAL D'ANDORRE.... Marguerite, qui m'invite.. ROMANCE.
30. — Toute la nuit suivant sa trace —
31. L'AMBASSADRICE...... Il est, dit-on.......... COUPLETS.
32. — Que ces murs coquets.... AIR.
33. LE DOMINO NOIR.... Le trouble et la frayeur.. ROMANCE.
34. — La belle Inès fait florès... ARAGONAISE.
35. LA FAVORITE........ O mon Fernand.......... AIR.
36. — Ange si pur.......... —
37. — Va-t-en d'ici, de cet asile. DUO.
38. HAYDÉE......... Il dit qu'à sa noble patrie. COUPLETS.
39. — A la voix séduisante.... ROMANCE.
40. LA JUIVE.......... Il va venir, et d'effroi.... —
41. LA MUETTE DE PORTICI. Ne repoussez pas........ CAVATINE.
42. MOUSQUETAIRES DE LA REINE Bocage épais.... AIR.
43. — Le cardinal dans sa colère COUPLETS.
44. LE PRÉ AUX CLERCS... Les rendez-vous......... DUO.
45. LA REINE DE CHYPRE.. Vous qui de la chevalerie. —
46. ROBERT-LE-DIABLE... Robert, toi que j'aime... CAVATINE.
47. LA SIRÈNE......... Prends garde, montagnard. RONDE.
48. LE VAL D'ANDORRE.... Voilà le sorcier........ CHANSON.
49. — Faudra-t-il donc, pâle.... ROMANCE.
50. — Le soupçon, Thérèse...... —
51. CHARLES VI.......... Humble fille des champs.. AIR.
52. LE DOMINO NOIR..... Heureux qui ne respire... CANTIQUE.
53. — Mes chères sœurs....... CAVATINE.
54. L'ÉTOILE DU NORD.... Veille sur eux toujours... PRIÈRE.
55. LA FAVORITE........ Jardins de l'Alcazar.... RÉCIT et AIR
56. GIRALDA.......... Rêve heureux du jeune âge. CAVATINE.
57. — Ange des cieux........ ROMANCE.
58. LES HUGUENOTS...... Tu l'as dit, oui, tu m'aimes. CAVATINE.
59. JEANNOT ET COLIN... Ah! pour moi quelle peine. AIR.
60. JOCONDE........... Dans un délire extrême... ROMANCE.
61. LE JUIF ERRANT...... Pour expier envers lui.... LÉGENDE.
62. — A moi, ta sœur et ton amie. ROMANCE.
63. LA JUIVE.......... Dieu, que ma voix....... CAVATINE.
64. MOUSQUETAIRES DE LA REINE. Je l'ai sauvé celui. ROMANCE.
65. LA MUETTE DE PORTICI. Mieux vaut mourir....... EXT. DU DUO.
66. — Chantons gaîment........ BARCAROLLE
67. — Voyez du haut de ces rivages —
68. LE NABAB.......... Le destin comble mes vœux. C. DU TABAC.
69. LE PHILTRE........ Vous me connaissez tous.. AIR.
70. — Je suis riche, vous êtes belle BARCAROLLE
71. LE POSTILLON DE LONJUMEAU. Mon petit mari.... AIR.
72. LE PRÉ AUX CLERCS... Souvenirs du jeune âge... ROMANCE.
73. — Ce soir j'arrive donc.... AIR.
74. — A la fleur du bel âge.... RONDE.
75. ROBERT-LE-DIABLE... Jadis régnait en Normandie. BALLADE.
76. BLUMENTHAL LE CHEMIN DU PARADIS........... Mélodie.
77. DASSIER — CE QUE J'AIME ... Romance.
78. — MARCEL LE MARIN .... Rom. dr..
79. — POUR LES PAUVRES, MERCI......... —
80. — TROP TARD................. —
81. — UNE VENGEANCE CORSE ...... Ch. dram.
82. — VA-T-EN, JE T'AIME........ Mélodie.
83. DUPREZ... LA VIE D'UNE FLEUR...... Pastorale.
84. HALÉVY... LA VENTA................ Boléro.
85. KUCKEN... AVE MARIA............... Prière.
86. LABARRE. L'ANNEAU D'ARGENT....... Légende.
87. — LA PAUVRE NÉGRESSE...... Romance.
88. MEMBRÉE... L'ONDINE ET LE PÊCHEUR.. Ballade.
89. MEYERBEER. CHANSON DE MAI...... Mélodie.
90. — GUIDE AU BORD TA NACELLE... —
91. — LE MOINE................ —
92. — LA SÉRÉNADE............. —
93. PANSERON... AU REVOIR, LOUISE.... Romance.
94. — DEMAIN ON VOUS MARIE...... —
95. PROCH..... LE COR DES ALPES........ Mélodie.
96. F. SCHUBERT ADIEU........... —
97. — AVE MARIA............. Prière.
98. — LA JEUNE RELIGIEUSE...... Mélodie.
99. — LA SÉRÉNADE............ —
100. TROUPENAS LE BRAVO........... Romance.
101. LE CHEVAL DE BRONZE. Quand on est fille, hélas! COUPLETS.
102. LE COMTE ORY...... Veiller sans cesse........ AIR.
103. LES DEUX PÊCHEURS.. Castilbêta............... BALLADE
104. LES DIAMANTS DE LA COURONNE. Vivent la pluie, etc. COUPLETS.
105. LES DRAGONS DE VILLARS. Heup! heup! mule chérie. AIR.
106. — Ne parle pas, Rose....... ROMANCE.
107. — Il m'aime, espoir charmant. AIR.
108. L'ENFANT PRODIGUE... Ah! dans l'Arabie....... COUPLETS.
109. — J'ai tout perdu, Seigneur. ROMANCE.
110. L'ÉTOILE DU NORD.... O jours heureux de joie.. —
111. — Sur son bras m'appuyant. COUPLETS à 2 voix.
112. LA FÉE AUX ROSES.... En dormant, c'est à moi. ROMANCE.
113. — Près de toi je crois revivre. —
114. LA FIANCÉE......... Si je suis infidèle........ BALLADE.
115. — Garde à vous, avançons.. COUPLETS.
116. FRA DIAVOLO........ Je vois marcher......... AIR.
117. — Agnès, la jouvencelle.... BARCAROLLE
118. GIRALDA.......... Rêve si doux........... AIR.
119. — O dieu d'amour......... DUO.
120. GUIDO ET GINEVRA.... Quand renaîtra la pâle... GRAND AIR.
121. GUILLAUME TELL.... Accours dans ma nacelle.. BARCAROLLE
122. — Asile héréditaire .... AIR.
123. HAYDÉE............ Enfants de la noble Venise. CHANSON BACHIQUE
124. LES HUGUENOTS...... Rataplan............... COUPLETS MILIT.
125. — Rentrez, habitants de Paris. COUVRE-FEU
126. JOCONDE........... J'ai longtemps parcouru... AIR.
127. MARTHA........... Seule ici, fraîche rose.... ROMANCE.
128. — Mes chers amis.......... CHASS. DU PORTER
129. — Lorsqu'à mes yeux....... ROMANCE.
130. MESDAMES DE LA HALLE. Au beau jour........ COUPLETS.
131. OBÉRON........... Quel plaisir de flotter ... BARCAROLLE
132. PANTINS DE VIOLETTE. Pierrot est un joli pantin. CHANSON....
133. LA PART DU DIABLE.. Le singulier récit........ AIR.
134. LE PHILTRE......... La coquetterie.......... —
135. LE POSTILLON DE LONJUMEAU. Assis au pied.... ROMANCE.
136. LA POUPÉE DE NUREMBERG. Me voilà, oui c'est elle. DUO.
137. LE PROPHÈTE........ Donnez à la pauvre femme. COMPLAINTE
138. LE RÊVE D'UNE NUIT D'ÉTÉ. Oh! Paris, séjour.... AIR BOUFFE ANGL.
139. ROBERT-LE-DIABLE.... Quand j'ai quitté la Norm. COUPLETS.
140. LE VIOLONEUX ...... Le violoneux du village . RONDE.
141. LASSIER...... LE CHÊNE DU DIABLE .... Romance.
142. — MARINE .... —
143. DELSARTE.... STANCES A L'ÉTERNITÉ......... Mélodie.
144. J. DESSAUER. LE RETOUR DES PROMIS.. Cantabile andaloux.
145. F. KUCKEN... SÉRÉNADE MORESQUE......... Mélodie.
146. Th. LABARRE. LA PUPILLE .... Chansonn.
147. G. MEYERBEER LA BARQUE LÉGÈRE......... Mélodie.
148. — CANTIQUE DU TRAPPISTE....... —
149. F. SCHUBERT. LA POSTE.............. —
150. — LE ROI DES AULNES........ —
151. ACTÉON........... Nina, jolie et sage....... AIR.
152. LE CHEVAL DE BRONZE Ah! pour un jeune cœur. AIR.
153. LES DEUX PÊCHEURS. La grenouille aux camélias CHANSON.
154. DEUX VIEILLES GARDES Versez, moi j'aime le doux POLKA CHANTÉE.
155. DIAMANTS DE LA COURONNE Dans les défilés..... BOLÉRO.
156. DRAG. DE VILLARS Quand le dragon a bien trotté AIR MILIT.
157. — Grâce à ce vilain ermite...... COUPLETS
158. L'ENFANT PRODIGUE Il est un enfant d'Israël.... ROMANCE.
159. L'ÉTOILE DU NORD Beau cavalier au cœur d'acier COUPLETS.
160. LA FÉE AUX ROSES. Des roses, partout des roses AIR.
161. LA FIANCÉE........ Que de mal, de tourment... COUPLETS.
162. — Un ciel serein et sans nuage ROMANCE.
163. FRA DIAVOLO...... Le gondolier fidèle........ BARCAROLLE
164. — Pour toujours, disait-elle... COUPLETS.
165. GIRALDA.......... O mon habit, mon bel habit COUPLETS.
166. GUILLAUME TELL... Sois immobile........... ROMANCE.
167. HAYDÉE........... Glisse ma gondole........ BARCAROLLE
168. — Unis par la naissance...... AIR.
169. LES HUGUENOTS... Piff, paff............... CHANS. HUGUENOTE
170. — Nobles seigneurs, salut.... CAVATINE.
171. JOCONDE.......... L'épreuve est tout à fait... AIR.
172. — Parmi les filles du canton.. COUPLETS
173. LESTOCQ.......... Ne nous trahissez pas ..... DUO.
174. MARTHA.......... Ah! voyez donc! ah!...... ARIETTE.
175. — Bois paisible, vert feuillage. ROMANCE.
176. MESDAMES DE LA HALLE La lune et le soleil. ... COUPLETS.
177. LA MUETTE DE PORTICI Amis, la matinée est belle BARCAROLLE
178. LE NABAB..... Mon oncle a dit, dans sa colère. ROMANCE.
179. LE PHILTRE La reine Yseult, aux blanches mains BALLADE.
180. LE PORTEFAIX...... Une princesse de Grenade.. RONDE.
181. LE PROPHÈTE...... Ah! mon fils, sois béni..... ARIOSO.
182. — Roi du ciel et des anges... HYMNE.
183. ROBERT BRUCE.... Le roi sommeille......... CAVATINE
184. ROBERT-LE-DIABLE. O fortune, à ton caprice.... SICILIENNE.
185. — Noirs démons, fantômes .... VALSE INFERNALE.
186. LE SERMENT.. Le bel état que celui d'aubergiste AIR.
187. LE TORÉADOR...... Dans une symphonie....... AIR.
188. TROMB-AL-CA-ZAR.. Un jambon de Bayonne..... RONDE.
189. LE VIOLONEUX.... Le violon brisé.... ROMANCE.
190. ZERLINE.......... Achetez, voici des oranges. CANZONETTA
191. DASSIER...... JEUNE FILLE ET FAUVETTE.......... Romance.
192. — AIMER ET SOUFFRIR.............. —
193. — ADIEU, PATRIE!.............. —
194. GÉRALDY.... LA LETTRE DU BON DIEU........... S. histoire
195. LABARRE.... LA FILLE D'OTAITI............ Romance.
196. — LA FIANCÉE DU KLEPHTE........... —
197. MEYERBEER. LE VŒU PENDANT L'ORAGE......... Mélodie.
198. — MÈRE GRAND............ Nocturne.
199. SCHUBERT. MARGUERITE................ Mélodie.
200. — PLAINTES DE LA JEUNE FILLE.........

PRIX DE CHAQUE NUMÉRO : 25 CENTIMES NET.

LA
LYRE FRANÇAISE

Choix d'Airs d'Opéras, Duos, Romances, etc., sans accompagnement

DES MEILLEURS AUTEURS ANCIENS ET MODERNES

ÉDITION POPULAIRE

Prix de chaque Numéro : 25 centimes net.

Nos 1 à 200, voir à la quatrième page.

PARIS

G. BRANDUS ET S. DUFOUR, 103, RUE RICHELIEU
Éditeurs pour la France et l'Étranger.

BIBLIOTHEQUE NATIONALE DE FRANCE

3 7502 01533917 1

www.ingramcontent.com/pod-product-compliance
Lightning Source LLC
Chambersburg PA
CBHW050011070726
47598CB00014B/731